복 있는 사람

오직 여호와의 율법을 즐거워하여 그 율법을 주야로 묵상하는 자로다.
저는 시냇가에 심은 나무가 시절을 좇아 과실을 맺으며 그 잎사귀가 마르지 아니함 같으니
그 행사가 다 형통하리로다. (시편 1:2-3)

전도서는 삶을 관조하기에 딱 좋은 전망대이며 삶의 진솔한 내막으로 들어가는 비밀의 통로이기도 하다. 전도서의 전체 그림을 잘 보여줄 수 있는 책이 여기 있다. 신학자이며 목회자인 데이비드 깁슨이 팔을 걷어붙이고 나섰다. 그는 죽음의 빛 아래서 삶을 바라보는 것이 전도자의 안목이라고 가르친다. 깁슨의 안내는 라이브 음악을 듣는 것과 같다. 깁슨은 생생한 필치, 정확한 해석, 실제적 적용, 현대적 표현, 친절한 설명을 통해 전도서의 가르침을 자상하게 안내해 준다. 개인이든 그룹으로든 전도서 성경 공부에 이보다 더 좋은 길잡이는 없어 보인다. 이 책으로 삶과 죽음, 기쁨과 슬픔, 수고와 눈물, 젊음과 늙어감, 선물과 노동의 의미를 알아 가리라.

류호준 백석대학교 신학대학원 구약학 교수

우리가 사는 세계와 인생의 복잡한 실상을, 깁슨은 영원의 관점에서 시간을 보고 죽음의 자리에서 삶을 응시하는 방식으로 풀어 간다. 그의 글을 읽으면서 사고의 전환과 인식의 갱신을 경험한다. 그의 붓끝에서 만들어진 문장들은 아름다운 표현과 심오한 개념의 향연이다.

한병수 전주대학교 교의학 교수

지난 20년간 대중적인 전도서 강해서가 꽤 많이 발간되었다. 그리고 데이비드 깁슨의 『인생, 전도서를 읽다』는 그중 최고다. 이 책은 믿음이 가는 데다가 주목할 만한 방식으로 전도서의 흐름을 따라간다. 적용과 묵상에는 설득력과 통찰력이 담겨 있으며, 글에서는 은혜와 열정이 묻어난다. 각 장 마지막에 질문까지 있어 소그룹 성경 공부에도 적합하다. 강력히 추천한다.

D. A. 카슨 트리니티 복음주의 신학교 신약학 연구 교수

죽을 준비가 되어 있을 때에만 살 준비가 된 것이라니, 터무니없는 헛소리 아닌가? 아니면, 한 번도 들어보지 못한 가장 온당한 말인가? 데이비스 깁슨은 현대 문화에 맞서, 무엇이든 우리가 추론해 낸 합리적 상식과 충돌하는 온갖 불협화음 속에서 전도서를 다시 풀어낸다. 나중에 드러나듯, 세상의 지혜는 어리석고 세상의 권력 의지는 무력하다. 나는 이 책을 읽지 않을 수 없었다. 당신도 그럴 것이다.

마이클 호튼 캘리포니아 웨스트민스터 신학교 조직신학 교수

데이비드 깁슨의 전도서 강해는 전도서 자체와 비슷하다. 이따금 충격적이고, 종종 당황스럽고, 시종일관 참신하다. 가벼운 터치와 명쾌한 문체, 복음의 위로를 진지한 내용에 능숙히 연결시킨다. 이 책을 읽는 동안 거듭 '발상 전환'think-stoppers에 직면할 것이다. 그는 당신의 회색빛 현실에 전에 없던 새로운 리듬을 덧입혀 줄 것이다. 이로써 당신은 몇 번이고 '나도 저렇게 표현하려고 했었는데!'라고 인정할 것이다. 내 생각에는 전도서 저자도 데이비드의 저술에 만족했을 것이다.

데일 랄프 데이비스 리폼드 신학교 전 구약학 교수

이 책에 녹아 있는 데이비드 깁슨의 차분하고 경건한 진행을 경험한 독자라면 누구나 신성한 진리를 파악하는 데에 놀라울 만큼 향상된 이해력과 풍부한 통찰력을 얻게 될 것이다. 그의 저술의 토대가 된『그는 하늘에서 내려와 그녀를 찾았다』*From Heaven He Came and Sought Her*에서 데이비드의 연구를 통해 유익을 누린 사람이라면 이 책에서도 깊은 학식과 부러울 정도로 명료한 표현의 진가를 한껏 누릴 것이다.

알렉 모티어 브리스틀 트리니티 칼리지 전 학장

전도서가 우리 시대를 위한 책이라면,『인생, 전도서를 읽다』는 전도서를 알기 쉽게 해설해 주는 책이다. 죽음을 받아들이는 것이 삶의 핵심이라는 패러다임 전환을 필두로 하는 첫출발부터 나는 호기심이 생겼다. 저자는 현대 세계관과 정면으로 부딪치는 전도서의 진리를 무난하게 내러티브로 엮어 우리가 살아 있는 이유를 제대로 납득시킨다. 이 책은 대담하고 수려한 문체로 우리의 생각을 일깨우고 흔들어 안일한 상태에서 벗어나게 해주겠다고 약속한다. 읽는 동안 책을 내려놓지 못했다!

피오나 맥도널드 스코틀랜드 성서공회 국내사역부 디렉터

인생, 전도서를 읽다

Destiny: Learning to Live by Preparing to Die

by David Gibson

이철민 옮김

데이비드 깁슨 지음

인생, 전도서를 읽다

복 있는 사람

인생, 전도서를 읽다

2018년 11월 6일 초판 1쇄 발행
2022년 12월 12일 초판 5쇄 발행

지은이 데이비드 깁슨
옮긴이 이철민
펴낸이 박종현

(주) 복 있는 사람
주소 서울특별시 마포구 연남동 246-21 (성미산로23길 26-6)
전화 02-723-7183 (편집), 7734 (영업·마케팅)
팩스 02-723-7184
이메일 hismessage@naver.com
등록 1998년 1월 19일 제1-2280호

ISBN 978-89-6360-269-1 03230

이 도서의 국립중앙도서관 출판예정도서목록(CIP)은
서지정보유통지원시스템 홈페이지(http://seoji.nl.go.kr)와 국가자료공동목록시스템
(http://www.nl.go.kr/kolisnet)에서 이용하실 수 있습니다. (CIP 제어번호: 2018033606)

Destiny: Learning to Live by Preparing to Die
by David Gibson

애버딘 트리니티 교회를 위해

모든 사람의 결국은 일반이라.

이것은 해 아래에서 행해지는 모든 일 중의 악한 것이니.

전도서 9:3

잘 살아온 과거만큼 마지막에

이렇듯 순전한 평화와 고요한 기쁨을 가져다주는 것은 없다.

제임스 러셀 밀러

차례

서문 _____ 10

감사의 말 _____ 13

1 흉내 놀이 _____ 17

2 거품 터뜨리기 _____ 43

3 이런 때, 저런 순간 _____ 67

4 낮아지는 삶 _____ 89

5 올려다보고, 경청하기 _____ 113

6 삶의 한계를 사랑하는 법 _____ 131

7 죽음에서 깊이로 _____ 153

8 무지할 때 알아야 할 것들 _____ 175

9 한 발은 무덤에 _____ 195

10 핵심 정리 _____ 223

주 _____ 243

찾아보기(주제·성구) _____ 248

서문

나는 죽을 것이다. 당신이 이 문장을 읽을 때쯤 나는 죽었을지도 모른다.

내가 몹쓸 병이나 불치병에 걸렸다는 뜻은 아니다. 내가 죽을 것이라고 의사가 진단한 것도 아니다. 나는 내가 언제 죽을지 모른다. 단지 내가 죽는다는 사실만 안다. 나는 죽을 것이고, 당신도 마찬가지다. 그런데도 내가 이 책을 쓰는 이유는, 내가 죽을 준비가 되어 있기 때문이다.

훌륭한 회고록 『히치-22』Hitch-22에서 크리스토퍼 히친스Christopher Hitchens는 스코틀랜드 시인 윌리엄 던바William Dunbar의 말을 인용한다. "죽음의 공포가 나를 짓누른다." 그런 다음 이렇게 설명한다. "이처럼 느껴 보지 않은 사람이 있다면 나는 그가 누구라도 믿지 않을 것이다."[1] 나는 그의 말이 어떤 뜻인지 알고, 당신도 알 것이다. 우리는 여러 가지 방법으로 자신의 마지막을 마주하지 않으려고 한다. 아내가 죽는다면, 아이들 가운데 한 명, 혹은 나와 가장 가까운 다른 사람이 죽는다면 어떤 일이 일어날지 나도 걱정스럽다. 하지만 나 자신은 죽음을 두려워하지 않는다. 나 자신의 죽음, 혹은 죽어 가는 상태와 연관 지어 나를 짓누르는 것은 아무것도 없다.

당신이 히친스의 의심에 공감하면서 이런 사고방식이 상당히 특이하다고, 심지어 병적이라고 여기더라도 나는 이해한다. 하지만 나는 당신의 생각을 바꾸어 주고 싶다. 확신컨대 죽음에 대해 올바른 관점을 가질 때에만 삶에 대해 참된 관점을 가질 수 있다. 자신의 죽음을 염두에 두고 사는 것은 현명하고 자유롭고 관대하게 사는 데 도움이 될 것이다. 이런 태도는 당신에게 대범한 마음과 넓은 아량을 선사할 것이고, 삶에서 만나는 온갖 소소한 일들을 깊고 풍부하게 누리게 해줄 것이다. 죽음은 당신에게 웃음의 의미를 가르쳐 줄 수 있다. 나는 이 모든 것을 전도서에서 배웠고, 이 책의 각 장은 가장 생소한 구약 책에 대한 묵상으로 구성되어 있다.

전도서는 나의 죽음을 바꾸어 놓았다. 하지만 전도서는 수수께끼다. 전도서의 반복되는 후렴구는 학자들과 전문가들을 당혹스럽게 했다. "헛되고 헛되니 모든 것이 헛되도다!"(Vanity of vanities! All is vanity!) 내가 보기에, 전도서의 진가 중 하나는 이것이다. 곧 전도서는 삶이 종종 우리의 손가락 사이로 빠져나가고, 우리의 이해력을 벗어나 불가사의하고 당혹스럽다는 점을 가르쳐 준다. 삶이 당신의 머리를 헤집어 놓는다는 사실을 설명할 때, 당신의 머리를 똑같이 헤집어 놓는 책을 쓰는 것보다 더 나은 방법이 있을까? 전도서의 메시지는 이 책의 효과에서 드러난다.

하지만 전도서는 또한 아주 단순한 논점을 제시한다. 삶은 가끔 가혹할 만큼 복잡하고 뒤죽박죽이지만, 뒤죽박죽의 삶을 바라보는 명쾌한 길이 있다. 마지막이 바로잡아 줄 것이다. 마지막, 즉 우리의 창조주요 재판관이신 하나님 앞에 우리가 설 때 전부 다 설명해 줄 것이다.

우리 자신의 기지機智에만 매달릴 때 우리는 앞을 내다보며 살게 된다. 하루가 다음 날로 이어지고, 한 주가 한 달로, 한 달이 한 해로 바뀐다. 우리는 미래를 알지 못하지만, 우리는 자신이 있을 곳, 자신이 하고 싶은 일, 자신이 함께 있을 사람들에 대해 계획하고 소망하고 꿈꾼다. 우리는 앞을 보며 산다.

전도서는 우리에게 뒤를 돌아보며 살라고 가르친다. 전도서는 한 가지 확실한 미래의 사실, 곧 우리의 죽음을 받아들인 다음, 우리 삶의 모든 일상사와 결정과 고민거리를 그 지점으로부터 돌아보며 행동하라고, 또 마지막을 염두에 두고 이런 일들을 생각하라고 우리를 다독인다. 죽음은 인생 여정의 의미를 밝혀 주는 목적지다. 우리가 어디를 향해 가고 있는지 확실히 안다면, 그곳에 도착하기 전에 우리가 무엇을 해야 하는지 확실히 알 수 있다. 전도서는 마지막을 염두에 두고 우리의 우선순위와 목표, 우리의 가장 중요한 열망과 가장 깊은 욕구를 빚으라고 요청한다.

나는 당신을 설득하고 싶다. 죽을 준비가 되었을 때에만 정말 어떻게 살지 배울 수 있다고 말이다.

감사의 말

블레즈 파스칼에 따르면, 사람은 현명할수록 다른 사람에게서 독창성을 더 많이 발견한다. 이 책을 완성하기 위해 여러모로 의지했던 수많은 사람들에게 나도 똑같은 변명을 내놓는다. 그들 중 상당수는 그런 사실조차 모르겠지만 말이다.

내가 이 책을 쓰던 중간에 네이선 윌슨Nathan D. Wilson의 『삶이 낳은 죽음』Death by Living이 발간되었다. 나는 그의 책을 펴 보기도 전에, 내 책을 끝마치지 못할 수도 있다고 직감했다. 그 책은 내가 자랑스럽게 나누고픈 관점을 매력적으로 다루고 있었다. 윌슨은 재치와 우아함을 곁들여, 시간이 은총이고 세대가 선물임을 보여주는데, 그 과정에서 잘 살아온 인생의 풍경을 조명한다. 그가 보기에 내 책은 불청객 역할을 하는 사상에 대한 좀 더 상세한 설명일 것이다. 물론 나는 내 책을 읽는 모든 사람이 그의 책도 읽기를 기대한다.

감사의 말

나는 다른 방식으로 이안 프로반Iain Provan의 주석 『전도서, 아가』 Ecclesiastes, Song of Songs의 덕을 입었다. 그는 멸종 위기에 처한 종種, 즉 설교자들에게 즉각 유용한 주석서를 발간했다. 잭 에스윈Zack Eswine은 심오한 목회신학서 『예수님을 느끼다』Sensing Jesus에 이어 그에 버금갈 만큼 풍부하고 사려 깊은 전도서 해설서인 『에덴의 회복』Recovering Eden을 펴냈는데, 두 책 모두 이 책을 쓰는 데 도움이 되었다. 특별히 언급할 만한 가치가 있는 책으로 크레이그 바르톨로뮤Craig Bartholomew의 전도서 주석과 더글러스 윌슨Douglas Wilson이 『기쁨의 막다른 끝』Joy at the End of the Tether에 쓴 묵상이 있다. 앤드류 랜들과 팀 챌리스의 블로그는 제임스 러셀 밀러James Russell Miller, 1840-1912의 저술을 내게 소개해 주었고, 필라델피아에 있는 장로교 역사관의 문서 담당자는 9장에서 인용한 밀러의 에세이 자료를 찾아내는 데 도움을 주었다.

피터 딕슨과 나는 2009년 힐튼에 있는 하이처치에서 공동으로 전도서를 설교했다. 그 일은 물론이고 헤아릴 수 없는 여러 영역에서 나는 그에게 많은 은덕을 입었다. 자신의 개념 일부를 이 책에 언급할 수 있도록 허락해 주어 감사하다. 2010년 나는 콘힐 스코틀랜드 학생들에게 전도서를 가르쳤는데, 그들과의 소통 그리고 밥 파이얼과 에드워드 랍의 친절에서 유익을 얻었다. 내 자료 중 일부는 『목회자란 무엇인가?: 공동체를 위한 보편적 지식인, 공공신학자의 소명 되찾기』The Pastor as Public Theologian: Reclaiming a Lost Vision에 처음 등장했는데, 그 내용을 이렇게 재수록할 수 있도록 허락해 준 저자 겸 엮은이 오언 스트래헌Owen Strachan과 케빈 밴후저Kevin Vanhoozer에게 감사한다.

스트레스던의 멋진 다우닝포드에 머물게 해준 켄 몰리에게, 또 데이비드와 로라 무어헤드 부부에게 감사한다. 덕분에 나는 이 책을 마무리할 수 있었고, 기분 전환이 되었다. 친한 친구들과 대학원생들, 동료들이 원고 전체나 일부를 읽어 보고 실질적으로 개선하는 데 도움을 주었다. 내가 글쓰기 책임에 태만해졌을 때, 내 책임을 함께 짊어져 준 사람들도 있다. 타이도 키노와 앤드루 에링턴, 존 퍼거슨, 니콜라 피치, 이안 매코믹, 앤드루 렌달, 엔디와 카라 릿슨 부부, 벤 트레이너, 드루 툴로치, 마틴 웨스터홈, 애덤 윌슨에게 특별히 감사를 표한다.

나는 애버딘 트리니티 교회의 동료 장로인 시몬 바커와 로리 패언스, 데이비드 매클로드, 그리고 크루덴 트러스트The Cruden Trust 이사들의 지원과 보살핌에 특별히 감사한다. 그들의 도움이 없었다면 시간 압박이 심했을 텐데, 그들 덕분에 집필 시간을 확보할 수 있었다. 내가 자랑스럽게 섬기는 멋진 교회 가족들에게 이 책을 헌정하는 건 커다란 기쁨이다. 그들의 격려와 용기, 활력, 그리스도를 향한 사랑은 풍성한 기쁨이다.

IVP의 샘 파킨슨과 엘리노 트로터는 친절하게 원거리 계약을 허락했고, 그 뒤 거듭된 탈고 지연을 인내로 받아들였으며, 내가 그들에게 했던 모든 약속이 헛되다고 단 한 번도 말하지 않았다.

나의 아내 안젤라, 아들 아치와 새뮤얼, 딸 엘라와 릴리. 그대들에게 내가 무슨 말을 할 수 있을까? 그대들은, 어깨에 짊어진 짐이 세상의 무게가 아니라 세상살이의 시끌벅적한 풍요임을 보여주는 전도서 저자의 웃음소리를 들을 수 있도록 도와주었다. 그대들은 항상 웃어 주었고, 이제 우리는 함께 농담을 주고받을 수 있다. 내 기억에 그렇게 피곤했던 때도, 그렇게 행복했던 때도 없었다. 우리가 이런 젊음에 영원히 머물기를.

언젠가 그런 날이 오겠지.

1
흉내 놀이

전도서 1:1-11

죽음을 준비할 때에만 곧 우리는 어떻게 살지 배울 수 있다.
이생에서, 해 아래에서, 자신이 곧 묻힐 세상에서
우리가 살고 있다는 건 피할 수 없는 진실이다.

1

흉내 놀이

복음을 전하라. 죽으라. 잊혀라.

니콜라우스 진젠도르프

1 다윗의 아들 예루살렘 왕 전도자의 말씀이라.

2 전도자가 이르되 "헛되고 헛되며

헛되고 헛되니 모든 것이 헛되도다."

3 해 아래에서 수고하는 모든 수고가

사람에게 무엇이 유익한가?

4 한 세대는 가고 한 세대는 오되

땅은 영원히 있도다.

5 해는 뜨고 해는 지되

그 떴던 곳으로 빨리 돌아가고

6 바람은 남으로 불다가

북으로 돌아가며

이리 돌며 저리 돌아

바람은 그 불던 곳으로 돌아가고

7 모든 강물은 다 바다로 흐르되

바다를 채우지 못하며

강물은 어느 곳으로 흐르든지

그리로 연하여 흐르느니라.

8 모든 만물이 피곤하다는 것을

사람이 말로 다 말할 수는 없나니

눈은 보아도 족함이 없고

귀는 들어도 가득 차지 아니하도다.

9 이미 있던 것이 후에 다시 있겠고

이미 한 일을 후에 다시 할지라.

해 아래에는 새 것이 없나니

10 무엇을 가리켜 이르기를

"보라, 이것이 새 것이라" 할 것이 있으랴.

우리가 있기 오래전 세대들에도

이미 있었느니라.

11 이전 세대들이 기억됨이 없으니

장래 세대도

그 후 세대들과 함께

기억됨이 없으리라.

깨지기 쉬운 선물

상상력의 발달은 유아들이 자신의 세계를 탐색하기 시작하면서 일어나는 가장 흥미진진한 일 가운데 하나다. 갑자기, 겨우 몇 주 만에, 유아들이 노는 거실이나 정원은 동물원과 주차장, 농장, 병원, 궁궐, 티파티장, 전쟁터, 운동경기장이 된다. '흉내 놀이'의 세계는, 세계에 대한 참된 이해를 한껏 자극하고 고양한다. 유아들은 자기 이외의 다른 사람을 흉내 냄으로써 새로운 관계와 창조적인 언어로 이끌린다. 귀담아 들어 보면, 당신은 유아들이 온갖 종류의 대화로 상상 속 여러 친구들을 꾸짖고, 그들에게 부탁하고, "미안해" 혹은 "고마워"라고 말하는 것을 들을 수 있다.

하지만 흉내 놀이 세계와 진짜 세계의 차이를 배우는 일은 종종 혼란스러운 과정일 수 있다. 실제 가게에서는 당신이 원한다고 해서 전부 살 수는 없다. 실제 병원에서 사람들은 진짜로 고통스러워하고, 의사라고 해서 늘 모든 사람을 낫게 해줄 수는 없다. 실제 세계에서 잘못을 바로잡기란 가장 힘든 일이기 일쑤다. 실제 눈물이 마르는 데는 더 오랜 시간이 걸린다.

전도서는 우리가 실제 세계에서 살도록 돕는 하나님의 선물 가운데 하나다. 전도서는 성경에서 우리 사고의 레이더망 아래를 파고

들어, 믿는 척하기 게임을 날려 버리는 도발적인 도구처럼 작동하고, 만사는 '흉내 놀이' 세계가 보여주듯 정갈하고 깔끔하지 않음을 불현듯 깨닫게 해주는 책이다.

전도서는 "다윗의 아들 예루살렘 왕 전도자"[1]의 말이고, 그는 충격 요법으로 시작한다. 그가 우리에게 말하고자 하는 맨 처음 내용은 이것이다. "헛되고 헛되다", "모든 것이 헛되다." 만약 당신이 독자들을 일깨워 삶의 참모습에 대한 흉내 놀이를 중단시키려 한다면, 이런 말은 독자들의 주목을 끌기에 퍽 훌륭한 방법이다.

'헛됨'의 의미

물론 이렇듯 직설적이고 냉정한 시작 자체가 질문을 야기한다. 모든 것이 "헛되다"는 말은 어떤 의미인가?

내가 주장하려고 하는 바는, 많은 선의의 성경 번역자들이 이 문맥에서 히브리어 단어 '헤벨'*hebel*을 '무의미하다'meaningless로 번역함으로써, 사실상 우리를 엉뚱한 길로 이끌었다는 것이다. 우리는 이 단어를, 마치 철학과 학부생이 1학년 과정을 마친 뒤 집에 와서, 우리가 아는 한 우주에는 목적이 없고 삶에는 어떤 의미도 없다고 자신 있게 단언하는 것처럼 읽는 경향이 있다. 하지만 이것은 전도자의 관점이 아니다. 그는 나중에 "두 손에 가득하고 수고하며 바람을 잡는 것보다 한 손에만 가득하고 평온함이 더 나으니라"(4:6) 같은 진술을 제시할 것이다. 한 가지 행동이 다른 것보다 **낫다**면, 분명 모든 게 '무의미한' 건 아니다.

사실 히브리어 단어 '헤벨'은 정확히 '숨'breath 또는 '바람'breeze으로도 번역된다. 전도자는 모든 것이 안개, 수증기, 실바람, 연기 한 가닥이라고 말하고 있다. 이는 성경의 공통 사상이다.

주께서 나의 날을 한 뼘 길이만큼 되게 하시매
나의 일생이 주 앞에는 없는 것 같사오니
사람은 그가 든든히 서 있는 때에도
진실로 모두가 허사['헤벨']뿐이니이다!
진실로 각 사람은 그림자같이 다니고
헛된 일['헤벨']로 소란하며
재물을 쌓으나 누가 거둘는지 알지 못하나이다!
주께서 죄악을 책망하사
사람을 징계하실 때에
그 영화를 좀먹음같이 소멸하게 하시니
참으로 인생이란 모두 헛될['헤벨'] 뿐이니이다(시 39:5-6, 11).

여호와여, 사람이 무엇이기에 주께서 그를 알아주시며
인생이 무엇이기에 그를 생각하시나이까?
사람은 헛것['헤벨'] 같고
그의 날은 지나가는 그림자 같으니이다(시 144:3-4).

전도자가 묘사하는 삶은 이렇다. "가냘픈 숨… 가냘픈 숨… 모든

흉내 놀이

것은 숨일 뿐." 그는 그의 책 나머지에서 자신의 말의 정확한 의미를 풀어내겠지만, 여기서 이 말에 대해 몇 가지 생각할 게 있다.

삶은 짧다

당신은 촛불을 불 때 어떤 일이 일어나는지 알고 있다. 실연기는 얼마나 오래가는가? 당신은 연기 냄새를 맡고 연기를 볼 수 있다. 연기란 실재하는 것이다. 하지만 연기는 또한 순간적이고, 일시적이고, 금세 사라진다. 연기는 영원한 영향력이나 지속적인 흔적을 세상에 남기지 않고, 나타났다 사라진다.

당신은 나이 든 어른들이 늘 했던 말을 자신이 그대로 되풀이하고 있음을 깨닫는다. "나이 들수록 시간이 쏜살같다." 당신의 할아버지와 할머니는, 눈 한 번 깜빡였더니 늙은 사람 몸 안에 있게 되었다고 말한다. 우리는 태어나고, 우리는 살고, 우리는 죽는데, 이 모든 일이 눈 깜짝할 새 벌어진다. 영속적인 것은 아무것도 없는 것 같다. "고운 것도 거짓되고 아름다운 것도 헛되나['헤벨']"(잠 31:30). 조안 콜린스Joan Collins의 말대로, 미美가 안고 있는 문제는 부자로 태어났다가 가난해지는 것과 비슷하다.

전도서는 우리의 삶이 바람 속 속삭임과 같다는 게 어떤 의미인지에 대한 묵상이다. 한순간 여기 머물다가 다음 순간 영원히 휩쓸려 간다.

삶은 불가사의하다

하지만 당신 눈앞의 연기는 일시적일 뿐만 아니라 또한 불가사의하다. 연기를 움켜잡아 한 움큼 주머니에 넣고, 나중에 쓰기 위해 간직하려고 해보라. 당신의 손은 연기에 닿을 수 없다. 연기는 실재하는 물리적 실체이지만, 당신의 손가락이 연기 근처에 이르자마자 손가락을 비켜 간다. 연기를 붙잡으려는 행동 자체가 연기에 바람을 불어 넣어 더 빨리 사라지게 한다.

전도서는, 영속적인 의미라는 관점에서 볼 때 삶이 불가사의한 것 같다는 사실에 대한 묵상이다. 우리가 이해할 수 있는 것에 의거해, 또 우리가 할 수 있는 것에 의거해 세계와 우리의 삶을 통제하려고 애쓸 때, 우리가 추구하는 통제력이 우리를 빗겨 간다는 사실을 깨닫는다.

지식과 이해력에 대해 생각해 보자. 우리는 세계가 어떻게 작동하는지 어느 정도 이해할 수 있다. 하지만 비는 왜 항상 당신이 우산을 갖고 오지 않은 날에 내릴까? 상점에서 당신이 서지 않은 줄은 왜 당신이 서 있는 줄보다 항상 더 빠를까? 구체적인 원인을 정말 꼬집어 낼 수 없을 때에도, 당신이 무력감을 느끼는 이유는 무엇일까? 독재자는 노년까지 번영을 누리며 사는데, 왜 당신의 지인이나 사랑하는 사람은 어린 나이에 죽거나 오랜 질병에 시달릴까?

혹은 우리의 삶으로 우리가 무엇을 하는지 생각해 보자. 우리는 우리 삶 전체를 어떤 일에 쏟아부을 수 있고, 그 일이 성공할 수도 실패할 수도 있다. 당신이 도시에서 대단한 일자리를 얻었는데, 다음 달에 은행이 파산할 수도 있다. 당신은 모르는 일이다. 당신의 일자리가 안정적인지, 당신이 얼마나 건강할지, 이자율과 집값에 어떤 일이 일어날지, 누구를 만날지, 10년 후 무엇을 하고 있을지, 어느 정

흉내 놀이

도나 결정권을 갖고 있을지 당신은 정말 모른다.

얼마 전 나는 딸아이와 함께 해변에서 모래성을 쌓고 있었다. 우리는 제법 성공적으로 커다란 성을 세우고, 그 주위에 해자를 파고, 조개로 장식한 작은 성과 탑으로 성을 둘러쌌다. 딸아이는 자신의 업적에 가슴 뿌듯해했고, 우리는 즐겁게 임무에 몰입했다. 하지만 파도가 밀려와 우리의 작품을 집어삼키자, 딸아이는 크게 놀랐고 결국 우리는 퇴각할 수밖에 없었다. 거품 이는 파도는 우리의 대사업을 평범한 해변의 불룩한 흙더미로 되돌려 놓았다. 모래성은 얼마나 오래 지속되었던가? 또 우리는 자신이 건설한 성에 대해 어느 정도나 결정권을 갖고 있었던가? 우리는 잠시 동안만 건축하고, 우리의 통제 너머에 있는 힘에 의해 늘 지배된다. 우리의 삶이 바로 이와 같다. 이 점을 정확히 표현하기 위해, 성경은 모래와 바다 대신 풀과 바람의 이미지를 사용한다.

> 인생은 그 날이 풀과 같으며
>
> 그 영화가 들의 꽃과 같도다.
>
> 그것은 바람이 지나가면 없어지나니
>
> 그 있던 자리도 다시 알지 못하거니와(시 103:15-16).

이 그림은 정곡을 찌른다. 수천 년 유지되는 땅과 대비되는 짧은 인생을 생각할 때, 우리는 전도자의 말이 사실임을 안다. 물론 유감스럽게도, 우리는 매일의 삶에서 그렇지 않은 것처럼 가장하지만 말이다. 우리는 영원히 살 것처럼 상상하거나, 적어도 자기 말고 다른

사람이 암에 걸릴 거라고 상상한다. 자신의 삶이 모래가 아니라 화
강암으로 지어졌다고 생각한다. 우리는 결정권을 갖고 있는 척 흉내
낸다. 세상에 차이를 가져다줄 수 있고, 영속적인 의미를 지닌 일을
성취할 수 있다고 상상한다. 결국 우리가 매일 일하러 가는 이유도
그 때문이다. 인생을 되돌아보며 우리가 누구인지 또 우리가 한 일
이 별로 두드러지지 않은 것 같다는 사실을 깨달을 때, 중년의 위기
를 겪는 이유도 그 때문이다.

그래서 전도서는 우리에게 현실을 직면시킴으로써 우리의 가식
을 무너뜨리기 시작한다. 전도자는 이 과정을 질문으로 시작한다.

> 해 아래에서 수고하는 모든 수고가
> 사람에게 무엇이 유익한가?(전 1:3)

이 질문은 전도서 첫머리 단락의 열쇠다. 4-11절에서 이어지는
다른 모든 내용은 그 대답으로 의도되었다. 전도서가 성경 지혜문학
의 일부이기 때문에, 이 질문에 대한 전도서의 응답은 보통 은근하
고 간접적이다. 이런 유의 저작은 대담한 직접적 진술(2절)에다가 간
접적인 유비와 생생한 표현(4-8절)을 섞는다. 우리가 보는 세계의 복
잡한 현실에 대해 숙고하는 게 저술 목적이기 때문이다.

지혜문학은 이렇게 묻는다. 주님이 만드신 세상에서 주님을 경
외하는 것은 어떤 의미인가? 욥기와 잠언, 아가서와 더불어 전도서
는, 하나님이 세상을 창조하셨고 보기 좋다고 인정하셨지만, 동시에
대부분 참담하리만치 크게 망가진 세상에서 살아 있는 것이 어떤 의

미인지 숙고한다. 전도자는 자기 주위의 모든 것으로 실험하고 우리 역시 자신의 세상 경험에 대해 숙고하기를 바란다. 당신의 삶과 당신에게 일어나고 있는 일을 보라. 그것은 삶 전체에 대해 무엇을 말해 주는가? 우리는 삶을 어떻게 이해해야 하는가? 우리가 삶을 이해할 수 있을까? 지혜문학은 우리가 만사를 다른 관점에서 바라보게끔 격언과 함축적인 말씀, 수수께끼와 도발적 설명, 질문과 대답, 산문과 시를 사용한다. 그 목적은 "뒤통수를 때리는 것"이다.[2] 전도서의 매서운 주장은, 뒤에서 날아오는 주먹처럼 우리가 깨닫지 못하는 사이에 다가와 우리로 하여금 깜짝 놀라 눈을 껌뻑이게 만든다.

여기서 바로 그런 일이 벌어진다. 3절 질문의 암시된 대답은 '아무것도 없다'이다. 해 아래 수고와 고생으로 가득한 삶에서, 사람들은 결국 아무것도 얻지 못한다. '유익하다'gain는 단어는 마지막까지 남아 지속되는 것이라는 개념을 담고 있다. 이 단어는 "재정적으로든 다른 면으로든, 이익을 보려는, 흑자를 남기려는 사람의 욕망"을 가리킨다.[3]

이것이 3절 질문에 담긴 핵심이다. 내 삶의 마지막에 어떤 것이 흑자일까? 내 모든 수고의 영원한 기념물로 나는 어떤 소중한 것을 남길 것인가?

전도자는 믿을 수 없을 만큼 선명한 그림으로 대답을 제시한다. 아무것도 얻는 게 없다는 점과 그 이유를 생생히 보여주기 위해, 그는 온 우주라는 캔버스 위에 인간의 위치를 그려 낸다. 나는 단 한 가지만 남기는데, 그것은 내가 살아왔던 지구다. 지구는 내가 처음 도착했을 때 있던 곳에 그대로 있고, 나 없이도 지금까지 돈다. 내 삶은 왔다가 사라질 것이다. 내 유산을 보존할 자녀를 세상에 남긴다 해도, 그들 역시 단지 왔다가 사라질 세대의 일부이고, 그들이 남길 전부는 전과 마찬가지로 계속 이동하는 우주다. 우리는 돌고도는 우주를 바꾸어 놓지 못했다. 우리가 하는 어떤 것도, 우리가 수고하고 고생하고 그 뒤에 죽는다는 사실을 바꾸지 못하며, 지구는 거기 그대로 머문다.

모든 것은 숨이고, 우리의 삶은 가냘픈 숨이다.

삶은 반복된다

전도자는 자신의 시에다 아름다운 리듬을 곁들여 일시적이고 불가사의한 인간 삶의 특징을 그린다. 전도서 1:4-10을 큰 소리로 읽으면서, 밀려오고 밀려가는 서정적 묘미를 느껴 보라. 그게 핵심이다. 모든 것은 돌고돌거나 왔다가 사라진다. 모든 것은 떴다가 진다. 이미 있었던 것이 다시 있을 것이다. 이미 했던 일을 다시 할 것이다. 지금 있는 것이 머지않아 과거가 될 것이다.

5-8절에서 전도자는 인간 경험의 삼중 패턴에 부합하는 세상의 삼중 패턴에 집중한다. 해와 바람과 물의 활동은 말하고 보고 듣는 활동과 똑같은 과정을 따른다. 핵심은, 세상 자체가 다른 곳에 이르거나 도달하지 못하는 것처럼 보인다는 사실이다. 모든 것이 선형이 아니라 순환하기 때문이다. 그런데 왜 사람이 다른 곳에 이르러야 하는가?

해는 자기 꼬리를 쫓아간다. 바람은 남쪽으로 갔다가 다시 북쪽으로 돌아온다. 강물은 바다로 흘러들고, 물은 증발하고, 그 뒤 강물은 다시 바다로 흘러들지만 결코 바다를 채우지 못한다. 세상이 이와 같고, 세상은 언제나 그럴 것이다. 인간이 이와 같고, 우리는 항상 그럴 것이다. 사람은 만족을 모르는 바다 같다. 물은 계속 반복해서 바다로 쏟아져 들어가지만 결코 바다를 채우지 못한다. 마찬가지로, 세상일도 사람의 눈과 귀를 통해 사람 속으로 쏟아져 들어오고 입을 통해 다시 나가지만, 완벽한 만족 상태에 결코 도달하지 못한다.

> 따라서 창조 세계의 거대한 실재가 창조 세계 안에 한시적 피조물로서 있는 이 왜소하고 유한한 모든 존재의 열망을 비판한다. 창조 세계 전체가 그렇지 않은데, 개인이 수고해서 '유익을 얻어야' 한다고 가정할 이유가 전혀 없다.[4]

항구적인 성과 없이 끊임없이 움직이는 모습을 바라보는 경험은 제아무리 많은 말로도 담을 수 없을 만큼 피곤하다. 눈은 "더 이상 받아들일 수 없는 지점에 결코 도달하지 않으며, 귀에 소리가 가득 차서 바깥세상의 자극을 더 이상 수용하지 못하는 일은 없다."[5] 사람은 결코 이렇게 생각하지 않는다. '이제 됐어. 만족해. 나는 전부 보았고, 전부 말했고, 전부 들었어. 내가 할 수 있는 모든 것을 내놓고 받아들였어.'

물론 이런 말은 대단히 긍정적일 수 있다. 액면 그대로 받아들일 때, 인간 몸의 무한한 가능성에 관한 이런 말은 끝없는 잠재력과 건강한 호기심, 우리가 살고 있는 세상을 대하는 아이 같은 경이로움을 표현할 수 있다. 언제나 보고 들을 것이 넘친다. 그런데 이 말 뒤에 아마 전도서에서 가장 유명할 법한 말씀이 뒤따른다.

> 이미 있던 것이 후에 다시 있겠고
> 이미 한 일을 후에 다시 할지라.
> 해 아래에는 새 것이 없나니(전 1:9).

전도자의 관점은 이렇다. 곧 인간은 끊임없이 반복되는 순환을 중단시킬 무언가를 자신들의 삶에서 접하고, 정말 새롭고 따라서 중요성을 지닐 어떤 것을 말하거나 보거나 듣기를 갈망한다. 하지만 그런 것은 없다. 그런 것은 존재하지 않는다. 우리가 지금 보고 듣는 것은 이미 있었다가 사라진 것, 시간의 모래 속에 묻혀 있다가 그저 다시 구르는 것이다. 겉모습은 다르겠지만, 본질적으로 전과 똑같이 말이다.

『속도에서 깊이로』*Hamlet's BlackBerry*에서 윌리엄 파워스*William Powers*는 우리가 디지털 미디어와 스크린에 기반을 둔 커뮤니케이션 방식에 쉬지 않고 접속됨으로써, 탄탄한 깊이를 지닌 사람이 되는 우리의 능력이 질식당하고 있다고 주장한다. 아마 세상에 무언가 새로운 게 있다면, 분명 그것은 우리의 테크놀로지와 더불어, 메시지를 보내고 가상 공동체를 형성하는 방법의 신속한 진화다. 그 결과 테크놀로지가 인격체인 우리에게 갖는 의미에 대해 새로운 도전에 직면해 있는 것처럼 보인다. 그런데 파워스에 의하면, 그렇지 않다. "우리는 거의 인식하지 못하지만, 우리는 매일 수천 년 전에 발명된 접속 도구를 사용한다." 그는 세계사 곳곳에서 "접속하려는 인간의 본원적인 충

흉내 놀이

동을 이해하고 각자 자기 시대의 '스크린 대체물'에 대해 비범하게 사고했던" 사상가 일곱 명을 참조한다.[6] 각 시대마다 사람은 끊임없이 변하는 커뮤니케이션 방식과 씨름했다. 사람이 타인과 소통할 때 자신을 지키기 위해 무엇이 필요한지에 대한 풍성한 성찰의 지층이 이미 존재한다. 새로워 보이는 것은 사실 옛것이다. 햄릿은 자기 시대의 블랙베리폰을 사용했다.[7]

파워스가 디지털 시대와 관련해 제시하는 논점은 해 아래 있는 모든 것에 적용된다. 새로운 정부 역시 하나의 정부이고, 우리는 모두 정부에 익숙하다. 혁명은 새 시대를 알리지만, 우리가 전에 죄다 보았던 것이다. 신생아 역시 아이이고, 세상은 언제나 아이들로 가득하다. 심지어 달 착륙 역시 사람이 지상을 걸은 후 우리와 공존해왔던 모험과 탐험의 한 형태다. 사실 우주여행이야말로 전도자의 논점을 보여주는 훌륭한 본보기다. 그의 의도는, '새로운' 물건이 세상에서 한 번도 발명되지 않았다는 게 아니다. 분명 그건 사실이 아니다. 그의 진의는, 우리가 발견할 수 있는 것 중에 순환을 깨뜨리고 우리를 만족시킬 새로운 것은 하나도 없다는 것이다. 우리가 태양계를 정복하면, 인류는 그 뒤 그 너머의 은하계 정복을 시도할 것이다. 우리는 결코 만족하지 못하고, 애당초 우리를 우주로 이끌었던 인간의 기본적 충동은 "우리가 있기 오래전 세대들에도 이미" 있었다(10절). 우리의 모든 진보 과정에서 인간과 관련하여 새로운 것은 하나도 없다.

전도자의 목적을 기억하라. 그가 보여주고 있는 사실은, 생의 마지막에 사람이 해 아래에서 행한 모든 수고에서 아무것도 얻지 못한다는 점이다. 무언가 남길 수 있을 만큼 가득했던 적이 없기 때문에 흑자는 전혀 없다. 우주 자체가 순환적이고 존재하는 모든 것은 왔다가 사라지기 때문에 수익은 전혀 없다. 무엇이든 존재하는 것은 이미 있던 것이기 때문에 소득은 전혀 없다. '해 아래 새로운 것이 없다'면, 무언가 새로운 것을 만들거나 찾거나 남기기 위해 수고하는 목적은 무엇인가? 아예 불가능한데.

당신이 뼈 빠지게 일한다고 해도 아무것도 얻지 못한다. 세상은 당신이 한 일에서 영향을 받지 않을 테고, 당신을 전혀 기억하지 않을 테니 말이다. 세상은 아직 태어나지 않은 아이들조차 기억하지 않을 것이다(11절). 당신 딸이 대학을 졸업하고 아들이 수십억 원짜리 계약을 성사시킨다면 어떨까?

아무도 그들을 기억하지 않을 것이다.

죽음을 준비하라

전도자는 세상의 순환적 성쇠를 지적함으로써 자신이 던진 질문에 답한다. 그의 대답은, 결국 사람들은 죽어 잊힐 것이므로 일과 수고를 통해 유익을 얻지 못한다는 것이다. 인생은 젊은 노동자 앞에 손을 뻗어 만족스러운 직업과 행복한 가정이라는 꿈을 내밀 것이다. 하지만 이 또한 왔다가 사라질 것이다. 그는 죽을 것이고 기억되지 않을 것이다.

많은 전도서 해석자들의 주장에 의하면, 전도자는 단지 하나님

없는 삶에만 해당되는 내용을 제시하고 있다고 한다. 그들은 "해 아래"라는 어구가 세속주의자의 관점을 나타낸다고 이해한다. 틀 안에 하나님이 계시지 않는 삶에 대해 우리가 고찰하고, 보이는 대로, 다시 말해 해 아래에서 세상을 본다면, 모든 것은 가냘픈 숨이라고 말하는 것 외에 다른 선택지가 없는 것이다. 하지만 전도자는 "해 아래"가 존재하는 전부가 아님을 깨닫기를 바란다. 따라서 우리는 당연히 이렇게 묻고 싶을 것이다. 기독교의 인생관은 분명 다른가? 내가 주 예수의 제자라면, 모든 것이 바뀌지 않겠는가?

그렇다. 사실 그리스도를 안다면, 살아 있다는 것이 어떤 의미인지에 대한 정말 완전히 새로운 시각, 즉 참된 시각을 지닐 수 있다. 우리는 전도서가 어떻게 이 점을 보여주는지 살펴볼 것이다. 전도자가 보기에 해 아래 세상이 존재하는 전부가 아니라는 건 분명한 사실이고, 그는 이생을 바라보는 우리의 관점을 근본적으로 바꾸어 줄 말을 한다.

하지만 이 책을 여는 시에서 전도자는 그리스도 없는 삶이 무엇과 같은지 설명하지 않는다. 그는 이 반복적 순환이 세속주의자의 관점에서 본 인생의 모습이라고 말하지 않는다. 이것은 실존적 허무주의나 포스트모던의 방종의 관점에서 느끼는 세상의 모습이 아니다. 그냥 세상이 이렇다. 이게 현실이다. 그리스도인이든 비그리스도인이든, 신자든 무신론자든, 모든 사람에게 동일하다. 우리는 모두 해 아래에서 산다.

사실 이 어구를 공간 표시가 아니라 시간 표시로 보는 게 더 나을 것이다. "성경에서 해는 시간의 표시자이고(창 1:14), '해 아래'라는 어구는… **저곳이 아니라 지금을 가리킨다.**"[8] 이것은 땅이 존속하는 한, 이 시간대에 속한 만물의 존재 방식에 관한 표현이다. 영원의 이쪽 면, 즉 삶은 숨이다. 우리는 계속 되풀이되는 세상에서 같은 일을 계속 되풀이하다가 죽고, 뒤이어 우리 자녀들도 똑같은 방식으로 똑같은 일을 하다가 그들도 똑같은 결과를 맞을 뿐이다.

그리스도인이 된다고 해서 이런 현실에서 벗어나지는 못한다. 오히려 우리는 이런 현실에서 벗어날 수 있다는 흉내 내기를 가장 먼저 중단해야 한다. 그것이 전도자의 목표다. 아직 완벽하게 이해할 수 없지만, 그는 치밀하게 자신의 책의 주요 논지를 위한 기초를 놓고 있다. 죽음을 준비할 때에만 곧 우리는 어떻게 살지 배울 수 있다. 그리고 이 논지를 확립하는 것이 1:1-11의 아주 단순한 목적 중 하나다. 이생에서, 해 아래에서, 자신이 곧 묻힐 세상에서 우리가 살고 있다는 건 피할 수 없는 진실이다.

삶을 배우라

전도자는 죽음의 현실이 뼛속까지 파고들어 우리 마음에 깊이 자리 잡기를 바란다. 그가 삶이 무엇인지에 관한 책을 쓰고 있는 이유가 그 때문이다. 전도자가 바라는 결과가 있다. 곧 우리가 지상에서 사라질 날이 신속히 다가온다는 현실이, 우리가 세상을 바라보는 방식과 그 세상 속에서 자신을 이해하는 방식에 속속들이 영향을 미치는 것이다. 그에게 생기를 불어 넣는 한 가지 질문은 이것이다. 만약 우리가 영원히, 혹은 심지어 세상에 영속적인 차이를 가져올 만큼 충분히 오래 살지 못한다면, 대체 우리는 어떻게 살아야 하는가?

이 질문에 대답하려면 전도서 전체가 필요하고, 나는 이 책의 연이은 장에서 이것을 풀어내고 싶다. 논의는 점점 누적되어, 예술가가 캔버스 위에 그림을 그리듯 우리는 전도자가 자신의 주장을 차근차근 펼치도록 해야 한다.

1:1-11은 출발점에서 아주 기본적인 논점을 제시한다. 죽음을 받아들이는 것이 삶을 배우는 첫걸음이라는 것이다. 현명한 사람은 자신이 죽을 거라는 사실을 그저 받아들인다. 더글러스 윌슨의 표현대로, "현명한 신자는 자신의 끝의 길이를 아는 사람이다."[9] 이 주장은 너무 간단해서 뻔해 보일 수도 있다. 하지만 잠시 멈추어, 우리가 이것을 받아들이지 않으려고 얼마나 많은 에너지를 쏟는지 생각해 보면 이는 대단히 중요한 사실이 아닐 수 없다.

실상 우리는 타고난 환경 제약을 회피하기 위해 애쓰면서 자신의 삶을 허비한다. 이런 사실에 눈을 뜨는 것이 중요한 돌파구다. 인간이 되는 것은 피조물이 되는 것이고, 피조물은 유한하다. 우리는 하나님이 아니다. 우리는 통제하지 못하고, 영원히 살지 못할 것이다. 우리는 죽는다. 하지만 우리는 '흉내 내기' 놀이를 통해 이런 현실을 회피한다.

승진을 하거나, 교회가 성장하는 것을 보거나, 자녀들이 착하게 커가면, 우리는 중요 인물이 되어 우리 뒤에 영속적인 유산을 남길 것처럼 흉내 낸다. 이직을 하거나, 태양으로 이주하면, 우리는 따분한 권태와 평범한 일상을 경험하지 않을 것처럼 흉내 낸다. 새 집으로 이사하면, 우리는 더 행복할 것이고 다시는 이사하고 싶지 않을 것처럼 흉내 낸다. 한 관계를 끝내고 새로운 관계를 시작하면, 우리는 결코 답답함을 느끼지 않을 것처럼 흉내 낸다. 결혼을 하거나 혹은 결혼을 하지 않으면, 우리는 만족할 것처럼 흉내 낸다. 더 많은 돈이 있으면, 우리는 흡족할 것처럼 흉내 낸다. 이번 주의 빨랫감과 더러운 식탁보와 쇼핑 품목과 자녀들의 등하교와 분주한 저녁을 끝마치면, 다음 주는 더 한가할 것처럼 흉내 낸다. 시간이 항상 우리 편이라 우리가 원하는 일을 하고 우리가 원하는 사람이 될 수 있을 것처럼 흉내 낸다. 우리는 반복의 굴레를 깨고 마침내 지루함에서 벗어난 세상에 도달할 수 있을 것처럼 흉내 낸다.

우리는 영원히 반복되는 세상에서 변화를 갈망하고, 반복을 중단할 방법을 꿈꾼다. 끊임없이 변하는 세상에서 영속적인 삶을 갈망하고, 그것을 성취하기 위해 분투한다. 보상이 더 많다고 생각되는 다른 미래에 맞추어 더 나은 자아를 조정하면서 삶을 허비한다. 그리고 그 와중에 우리 모두는 결코 영원하지 않은 것(우리)을 영원하게 만들려 애쓰고, 결코 통제되지 않는 것(세상)을 끊임없는 변화를 통해 통제하려 애쓴다. 세상의 계절과 자연의 순환은 기꺼이 왔다가 사라지지만, 그건 우리에게 해당 사항이 없다고 믿기 위해 고군분투한다.

전도서는 이런 시도를 당장 뒤로하고 더 나은 사고방식을 취하라고 촉구한다. '흉내 내기' 놀이를 중단하고, 그 대신 역사와 창조 세계를 스승으로 삼으라. 우리 앞에 살았던 세대를 생각하라. 하나님이 창조의 구조 속에 각인해 두신 추세와 계절과 패턴을 보라. 만

흉내 놀이

물은 계속 되풀이되고, 따라서 이제 우리는 결코 피할 수 없는 반복성이 우리 삶에 내재해 있음을 배워야 할 때다. 세상의 리듬 자체가 우리가 사람으로서 창조 질서의 일부가 된다는 게 어떤 의미인지 보여주는 나침반이다. 색다른 것novelty에 의미와 행복과 만족이 깃든다는 생각을 멈추라. 새로운 것은 정말 새로운 것이 아니고, 새롭다고 느껴지는 것은 이내 낡았다고 느껴질 것이다.

C. S. 루이스C. S. Lewis는 『스크루테이프의 편지』The Screwtape Letters에서 이 주장의 핵심을 포착했다. 선배 악마 스크루테이프는 후배 악마 사촌 윔우드에게 편지를 써서, 그리스도인들이 대원수(하나님)에게서 등을 돌리게 하는 방법을 충고해 준다. 스크루테이프는 무언가 새로운 것을 경험하려는 인간의 끊임없는 욕망에 대해 윔우드에게 조언한다.

> 예나 지금이나 변함없는 것의 공포는 우리가 인간의 마음속에 만들어 놓은 가장 값진 열망이지. 이것이 종교에서는 이단을, 조언을 할 때는 어리석음을, 결혼 생활에서는 부정을, 우정에서는 변덕을 일으키는 무한한 원천이지.[10]

하나님은 사람이 변화와 새로움을 달갑게 느끼도록 만드셨다. 하지만 스크루테이프의 말에 의하면, 하나님은 자신의 피조물이 "먹는 것이 그렇듯, 변화 그 자체를 목적으로 삼지" 못하도록, "그들 안에서 영원에 대한 사랑이 변화에 대한 사랑과 균형을 이루게 하셨다."[11] 변화와 일관성은 인간 경험의 시소 위에 놓인 두 균형추이고,

하나님은 세상에 리듬을 두심으로써 둘 다를 누릴 수 있는 방편을 사람에게 주셨다. 우리는 새봄이 왔다는 사실을 기뻐한다. 또 우리는 봄이 다시 왔다는 사실도 기뻐한다. 그런데 바로 이 대목에서 악마가 작업을 개시한다.

스크루테이프는 이렇게 설명한다.

> 이제 우리가 먹는 즐거움을 골라내고 부풀려 탐식을 만들어 내듯이, 우리는 이 자연스러운 변화의 즐거움을 골라내 그것을 절대적인 색다름을 바라는 욕구로 왜곡시키지. 이 욕구는 전적으로 우리의 작품이란다. 만일 우리의 책무를 소홀히 하면, 사람들은 색다름과 익숙함이 뒤섞인 올해 1월의 눈송이, 오늘 아침의 해돋이, 이번 크리스마스 건포도 푸딩에 만족할 뿐만 아니라 황홀감을 느낄 거야. 어린아이들은, 우리가 제대로 가르치기 전까지, 가을이 항상 여름을 뒤따를 때, 도토리놀이가 돌멩이치기로 이어지는 제철 놀이의 순환에서 더할 나위 없는 행복을 맛볼 거야. 오직 우리가 끊임없이 노력할 때에만, 무한한 변화 혹은 리듬과 무관한 변화를 바라는 욕구를 보전할 수 있는 것이지.[12]

전도자는 우리가 이것을 알아채기를 바란다. 우리가 삶의 주기적인 반복에 만족하지 못한다면, 그 이유는 만사가 우리 인간에게 이렇지 않은 척 흉내 내기 때문이다. 무한한 변화, 다시 말해 무언가 '유익'을 얻는 것을 원하는 것은 일상적 존재의 제약을 회피하고, 어떻게든 다른 세상에 도달하기를 바라는 것이다. 곧 한편에서는 반복

흉내 놀이

이 일어나지 않고, 다른 한편에서는 삶의 영원성이 유지되는 세상 말이다. 하지만 둘 다 불가능하다. 우리가 해 아래에서 무언가 새로운 것을 찾듯이 우리는 절대적인 색다름을 찾고 있지만, 그런 것은 존재하지 않는다. "색다름이 주는 기쁨은 본성상, 그 어떤 것보다 수확 체감의 법칙에 취약하다."[13]

당신은 마침내 당신의 상황에서 결정적인 변화를 이루었다고 생각할 때, 이내 다른 것을 바꾸고 싶을 것이다. 무엇이든 당신이 얻었다고 생각할 때, 그것은 이내 아침 안개처럼 지상에서 사라질 것이고, 그것과 함께 당신도 사라질 것이다. 삶을 배우는 것은 그저 이것을 받아들이는 것이다. 어느 날 당신은 죽어 사라질 것이고, 세상은 당신을 기억조차 하지 못한 채 계속될 것이다. 당신이 죽고 100년 후, 당신이 살았다는 사실을 아는 사람은 아무도 없을 것이다.

이런 사실이 당신을 우울하게 만든다면, 계속 이 책을 읽으라. 아직 배워야 할 게 많다. 하지만 이런 사실에 씁쓸한 미소를 짓는다면, 당신은 반쯤 행복에 이른 것이다. 전도자는 이제 우리가 삶에서 기대해야 할 것과 그러지 않아야 할 것을 보여줄 것이다. 그는 우리가 바람을 쫓아간 뒤 아무것도 얻지 못한다고 말하지 않는다. 그는 애당초 쫓아갈 필요가 전혀 없다고 주장할 것이다. 해 아래에서 얻을 수 있는 유익이 전혀 없다는 것, 그게 바로 핵심이다.

어떤 것도 추구할 필요가 없다.

토론과 개인 묵상을 위한 질문

1. 전도서에 대한 첫인상은 어떠한가?

2. 전도서에 나오는 '헛되다'는 말의 의미를 자신의 말로 설명해 보라.

3. 삶에서 변화시키고 싶은 것 세 가지와, 똑같이 유지하고 싶은 것 세 가지를 열거해 보라.

4. 무언가 '유익'을 얻었다고 느꼈다가 곧 불만족하고 있음을 깨달은 적이 있는가?

5. 어떻게 하면 삶이 반복된다는 사실에 좌절하지 않고 도리어 자유를 누릴 수 있을까?

6. 이 책 1장의 메시지에 침울해지는가, 기대가 생기는가?

흉내 놀이

2
거품 터뜨리기

전도서 1:12-2:26

미래의 죽음은 현재의 삶을 완전히 무의미하게 만들기는커녕

하나님이 삶을 변화시키려고 현재에 비추시는 빛이다.

죽음은 우리가 철저히 삶을 즐길 수 있게 해준다.

2

거품 터뜨리기

과잉은 우리의 가난을 드러내는 최고의 단서이자
우리의 가난을 자기 자신에게 숨기는 최고의 방법이다.

애덤 필립스, 『타임스』에서 인용

[12] 나 전도자는 예루살렘에서 이스라엘 왕이 되어 [13] 마음을 다하며
지혜를 써서 하늘 아래에서 행하는 모든 일을 연구하며 살핀즉 이는
괴로운 것이니 하나님이 인생들에게 주사 수고하게 하신 것이라. [14]
내가 해 아래에서 행하는 모든 일을 보았노라. 보라. 모두 다 헛되어
바람을 잡으려는 것이로다.

[15] 구부러진 것도 곧게 할 수 없고
모자란 것도 셀 수 없도다.

16 내가 내 마음속으로 말하여 이르기를 "보라. 내가 크게 되고 지혜를 더 많이 얻었으므로 나보다 먼저 예루살렘에 있던 모든 사람들보다 낫다" 하였나니 내 마음이 지혜와 지식을 많이 만나 보았음이로다. 17 내가 다시 지혜를 알고자 하며 미친 것들과 미련한 것들을 알고자 하여 마음을 썼으나 이것도 바람을 잡으려는 것인 줄을 깨달았도다.

18 지혜가 많으면 번뇌도 많으니

지식을 더하는 자는 근심을 더하느니라.

2:1 나는 내 마음에 이르기를 "자, 내가 시험 삼아 너를 즐겁게 하리니 너는 낙을 누리라" 하였으나 보라, 이것도 헛되도다. 2 내가 웃음에 관하여 말하여 이르기를 "그것은 미친 것이라" 하였고 희락에 대하여 이르기를 "이것이 무슨 소용이 있는가" 하였노라. 3 내가 내 마음으로 깊이 생각하기를 '내가 어떻게 하여야 내 마음을 지혜로 다스리면서 술로 내 육신을 즐겁게 할까? 또 내가 어떻게 하여야 천하의 인생들이 그들의 인생을 살아가는 동안 어떤 것이 선한 일인지를 알아볼 때까지 내 어리석음을 꼭 붙잡아 둘까?' 하여 4 나의 사업을 크게 하였노라. 내가 나를 위하여 집들을 짓고 포도원을 일구며 5 여러 동산과 과원을 만들고 그 가운데에 각종 과목을 심었으며 6 나를 위하여 수목을 기르는 삼림에 물을 주기 위하여 못들을 팠으며 7 남녀 노비들을 사기도 하였고 나를 위하여 집에서 종들을 낳기도 하였으며 나보다 먼저 예루살렘에 있던 모든 자들보다도 내가 소와 양 떼의 소유를

더 많이 가졌으며 8 은금과 왕들이 소유한 보배와 여러 지방의 보배를 나를 위하여 쌓고 또 노래하는 남녀들과 인생들이 기뻐하는 처첩들을 많이 두었노라.

9 내가 이같이 창성하여 나보다 먼저 예루살렘에 있던 모든 자들보다 더 창성하니 내 지혜도 내게 여전하도다. 10 무엇이든지 내 눈이 원하는 것을 내가 금하지 아니하며 무엇이든지 내 마음이 즐거워하는 것을 내가 막지 아니하였으니 이는 나의 모든 수고를 내 마음이 기뻐하였음이라. 이것이 나의 모든 수고로 말미암아 얻은 몫이로다. 11 그 후에 내가 생각해 본즉 내 손으로 한 모든 일과 내가 수고한 모든 것이 다 헛되어 바람을 잡는 것이며 해 아래에서 무익한 것이로다.

12 내가 돌이켜 지혜와 망령됨과 어리석음을 보았나니 왕 뒤에 오는 자는 무슨 일을 행할까? 이미 행한 지 오래전의 일일 뿐이리라. 13 내가 보니 지혜가 우매보다 뛰어남이 빛이 어둠보다 뛰어남 같도다. 14 지혜자는 그의 눈이 그의 머릿속에 있고 우매자는 어둠 속에 다니지만 그들 모두가 당하는 일이 모두 같으리라는 것을 나도 깨달아 알았도다. 15 내가 내 마음속으로 이르기를 '우매자가 당한 것을 나도 당하리니 내게 지혜가 있었다 한들 내게 무슨 유익이 있으리요?' 하였도다. 이에 내가 내 마음속으로 이르기를 '이것도 헛되도다' 하였도다. 16 지혜자도 우매자와 함께 영원하도록 기억함을 얻지 못하나니 후일에는 모두 다 잊어버린 지 오랠 것임이라. 오호라. 지혜자의 죽음이 우매자의 죽음과 일반이로다. 17 이러므로 내가 사는 것을 미워하였노니 이는 해 아래에서 하는 일이 내게 괴로움이요 모두 다 헛되어 바람을 잡으려는 것이기 때문이로다.

¹⁸ 내가 해 아래에서 내가 한 모든 수고를 미워하였노니 이는 내 뒤를 이을 이에게 남겨 주게 됨이라. ¹⁹ 그 사람이 지혜자일지, 우매자일지야 누가 알랴마는 내가 해 아래에서 내 지혜를 다하여 수고한 모든 결과를 그가 다 관리하리니 이것도 헛되도다. ²⁰ 이러므로 내가 해 아래에서 한 모든 수고에 대하여 내가 내 마음에 실망하였도다. ²¹ 어떤 사람은 그 지혜와 지식과 재주를 다하여 수고하였어도 그가 얻은 것을 수고하지 아니한 자에게 그의 몫으로 넘겨주리니 이것도 헛된 것이며 큰 악이로다. ²² 사람이 해 아래에서 행하는 모든 수고와 마음에 애쓰는 것이 무슨 소득이 있으랴? ²³ 일평생에 근심하며 수고하는 것이 슬픔뿐이라. 그의 마음이 밤에도 쉬지 못하나니 이것도 헛되도다. ²⁴ 사람이 먹고 마시며 수고하는 것보다 그의 마음을 더 기쁘게 하는 것은 없나니 내가 이것도 본즉 하나님의 손에서 나오는 것이로다. ²⁵ 아, 먹고 즐기는 일을 누가 나보다 더 해보았으랴? ²⁶ 하나님은 그가 기뻐하시는 자에게는 지혜와 지식과 희락을 주시나 죄인에게는 노고를 주시고 그가 모아 쌓게 하사 하나님을 기뻐하는 자에게 그가 주게 하시지만 이것도 헛되어 바람을 잡는 것이로다.

전도서 1:12-2:26

전도자와 여행객

예수 그리스도를 따르는 이들은 이 세상에서 결코 영원한 집을 발견할 수 없다. 우리는 그리스도를 통해 하나님과 평화를 누리고,

거기에 수고하고 무거운 짐 진 자들을 위한 안식이 있다. 하지만 복음은 우리를 안정되고 만족스러운 수월한 삶으로 인도하지 않는다. 언제나 이것이 하나님 가족의 현실이었다. 히브리서 저자는 아브라함에 대해 이렇게 말한다.

> 믿음으로 그가 이방의 땅에 있는 것같이 약속의 땅에 거류하여 동일한 약속을 유업으로 함께 받은 이삭 및 야곱과 더불어 장막에 거하였으니 이는 그가 하나님이 계획하시고 지으실 터가 있는 성을 바랐음이라(히 11:9-10).

신자가 되는 것은 나그네와 부적응자가 되는 것이다. 우리는 이 세상에 영원한 뿌리를 내리지 않고, 참된 소속감을 이곳에 전혀 두지 않는다. 우리는 지나가는 여행객이다.

정말 그런가?

예수님을 따르는 사람들은 종종 장차 올 세상을 보지 못한다. 유목민 그리스도인이 아니라 거주민 그리스도인이 된다. 자신을 지나가는 여행객으로 보는 대신 이 세상에 완전히 동화되어, 지금 여기가 우리의 가장 큰 보물이나 되는 양 살고 있다. 우리는 자신이 선택한 생활 방식, 우리가 사는 집, 우리가 쓰는 돈, 우리가 건축하는 교회, 우리가 추진하는 투자, 그리고 우리가 지향하는 우선순위를 통해 영원에 대한 의식을 드러낸다. 우리는 이 세상의 좋은 것들을 아주 단단히 붙잡고 그것들에 우리의 애정을 매우 자유롭게 허비한다. 우리는 주위의 다른 모든 사람과 똑같은 유익을 얻기 위해 고군분투한다.

예수님은 이것이 제자들에게 항상 유혹거리가 될 줄을 아셨다.
그분은 이렇게 경고하신다.

> 너희를 위하여 보물을 땅에 쌓아 두지 말라. 거기는 좀과 동록이 해
> 하며 도둑이 구멍을 뚫고 도둑질하느니라. 오직 너희를 위하여 보물
> 을 하늘에 쌓아 두라. 거기는 좀이나 동록이 해하지 못하며 도둑이
> 구멍을 뚫지도 못하고 도둑질도 못하느니라. 네 보물 있는 그곳에는
> 네 마음도 있느니라(마 6:19-21).

잘못된 종류의 저장을 멈추고 올바른 종류의 저장을 하게 하려
고 하나님은 우리에게 전도서를 주셨다.

처음 열한 절에서 전도자는, 우리 모든 인간의 수고에 영속적인
유익이 없음을 세상 자체가 보여준다고 가르쳤다. 그는 우리 삶의
영원한 의미와 관련하여 우리가 즐기는 게임을 끝내려고 애썼다. 그
것은 자연의 엄연한 사실에 근거한 논증이었다. 그런데 이제 전도자
는 더 서글픈 경험에 근거한 논증을 개시할 것이다. 그는 파괴 작업
을 이어 가면서 거품을 터뜨린다. 그가 파괴하려고 하는 거품은, 독
자들이 전도자의 주장을 반박하는 최고의 반론 근거로 들먹이고 싶
었을 바로 그것이다. 일반적인 말로 "모든 만물이 피곤하다"(1:8)라
고 말하는 것과 구체적인 예시를 대면서 이 주장을 유지하는 건 전
혀 다른 문제다. 재미를 보는 것과 사회에 기여하는 것, 부를 쌓는 것
은 어떤가? 지혜로워지는 것은 어떤가? 이런 것을 추구하며 보낸 잘

살아온 삶에서 얻는 유익은 정말 아무것도 없는가? 전도자는 이 모든 일이 바람을 잡으려는 헛된 시도라고 우리가 믿기를 정말로 기대하는가? 한마디로 말해 그렇다.

전도자는 지혜와 즐거움, 일, 재산이 우리가 현실로부터 스스로 격리되기 위해 안주하는 거품인 경우가 비일비재하다고 주장할 것이다. 그리고 전도자의 바늘, 거품을 터뜨리기 위해 사용하는 뾰족한 끝은 죽음이다. 죽음은 모든 인간이 지상에서 일을 추진할 때 맞닥뜨리는 중요한 현실이다. 우리는 죽음이라는 한 가지 궁극적 필연을 생각에서 지우고 직면하지 않기 위해 자신을 분주하게 만든다.

그런데 이 단락에서, 아주 놀라운 한 줄기 빛이 암담해 보이는 이 논의 속으로 들어오기 시작한다. 미래의 죽음은 현재의 삶을 완전히 무의미하게 만들기는커녕 하나님이 삶을 변화시키려고 현재에 비추시는 빛이다. 죽음은 우리가 철저히 삶을 즐길 수 있게 해준다. 해 아래에서 일생 동안 우리가 하는 모든 것을 상대화시키는 죽음은, 우리를 유익을 얻으려고 삶을 통제하려는 사람에서 삶을 선물로 받아들이는 심오한 기쁨을 발견하는 사람으로 바꾸어 놓을 수 있다. 전도서의 간결한 핵심 메시지는 이것이다. 곧 하나님의 세상에서 삶은 유익gain이 아니라 선물gift이다.[1]

여기서 전도자는 자신이 세상에서 유익을 추구했던 과정과 이 탐구 마지막에 자신이 깨달은 바를 보여줌으로써 이 메시지를 풀어내기 시작한다. 결론적으로 그는 삶의 잔혹한 공허함이라는 냉혹하고 엄연한 현실을 직시하게 되었다. 그런데 전도자의 결론은 근본적으로 긍정적이고 심오하다. "하나님의 선물은 이 무의미함을 제거

하지 않는다. 하나님의 선물은 이 허무함을 즐길 만한 것으로 만든
다."²

전도자가 어떻게 이런 주장에 도달했는지 보기 위해, 우리는 이
단락을 세 가지 다른 각도에서 살펴볼 것이다.

1. 인간의 거창한 추구

내가 자랄 때, 햄릿 담배를 선전하는 텔레비전 광고가 있었다. 최
근 이 광고는 놀랍게도 지금까지의 광고 중에 가장 뛰어난 광고 8위
에 올랐다. 이 광고에는 한 가난한 남자가 무언가 성취하려고 애쓰
다가 매번 끔찍하게 잘못되는 반복 패턴이 담겨 있다. 그가 아무리
힘들게 노력해도, 언제나 무산되고 말았다. 이 광고의 묘미는, 주인
공이 반복해서 엎어지다 결국 스스로 실패를 인정하고 그냥 담배에
불을 붙이는 모습을 지켜보는 데 있었다. 결정적 문구가 등장한다.
"햄릿 담배는 행복입니다."

이 광고는 천재의 솜씨였다. 우리를 웃게 만들어 우리의 모든 방
어벽을 낮추고, 우리가 진실이라고 믿는 바를 보여주었다. 곧 삶은
엉망진창, 얽히고설켜, 항상 제대로 작동하지 않으니, 가끔은 그냥
받아들이는 게 최선이다. 이 광고는 감히 모든 텔레비전 광고가 우
리에게 하는 말을 한다. 곧 이 상품을 소유한다면, 당신은 행복해질
것이다. 행복은 여기, 이 향수 곁에 있다. 삶과 세상의 온갖 문제에
눈을 감고, 이것을 소유하라, 그러면 당신은 행복해질 것이다. 아주
단순하게 말해서, 이 광고가 효과를 거둔 이유는 행복이 우리가 살
아가는 목적이기 때문이다.

블레즈 파스칼은 이렇게 말했다.

모든 사람은 행복을 추구한다. 여기에는 예외가 없다. 사람들이 다른 방법을 사용하더라도, 그들은 모두 이 목적을 지향한다. 어떤 사람이 전쟁에 나가고 다른 사람이 전쟁을 회피하는 이유는, 행복해지려는 동일한 욕망이 두 사람 안에 있기 때문이다. 이것은 모든 사람의 모든 행동, 심지어 스스로 목숨을 끊는 사람의 동기다.[3]

당신이 오늘까지 해왔던 거의 모든 일은 자신을 행복하게 만들기 위한 것이었다. 당신은 손수 음식을 만들었다. 당신이 조금 더 오래 샤워했던 이유는, 아래층에서 아이들이 싸우고 있었기 때문이다. 당신은 손수 옷을 만들었다. 할 수만 있다면, 남은 생애 동안 자신을 행복하게 만드는 일을 할 것이다.

우리 삶의 표면과 가장 심층에서, 우리는 행복을 갈망하고 행복을 위해 살아간다. 온갖 다양한 추구, 곧 생활비를 벌고, 배우자를 찾고, 착한 아이들을 기르고, 재미를 누리고, 몸매를 유지하는 것 등 우리는 우리가 하는 일에서 행복하고 싶은 공통의 욕망을 드러낸다. 우리는 단지 시간 속에 움직임 없이 정지 상태로 존재하지 않는다. 세상을 만들고, 바꾸고, 그것을 통제하려고 애쓴다. 자신의 개인적 삶에 대해 계획하고 꿈꾼다. 목적을 갖고, 구체적인 목표를 위해 사는 우리에게는 행복이라는 목적지가 있다.

전도서 저자도 우리와 똑같다. 그는 "하늘 아래에서 행하는 모든 일"을 탐구하기 시작하고(1:13), '선한 것을 찾아내기'(to find out what is good, 2:1, NIV; 개역개정 성경에는 "너는 낙을 누리라"로 번역되어 있다—옮긴이)로 결심했다. 2:3에서 전도자는 "천하의 인생들이 그들의 인생을 살아가는 동안 어떤 것이 선한 일인지를 알아"보고 싶었다고 말한다. 그의 탐색은 인생의 만족과 의미를 얻기 위한 것이었고, 이것을 추구하면서 지혜와 웃음comedy, 즐거움, 술, 큰 사업, 소유물에 스스로 몰두했다. 그럼으로써 행복을 손에 쥐었다. 그렇지만 행복이 물처럼 손가락 사이를 빠져나가 훨씬 악화되었음을 느꼈다. 영원히.

이 단락은 전도자의 인생 모험을 기록한 영상 다이어리다. 첫 번째 장면은 1:16-18의 예루살렘 대학이다. 그는 지혜 속에서 연구하고 성장한다. 모든 교수에게서 배우고, 시험을 전부 통과한다. 철학을 공부한다. 자신의 이해 과정과 그 근거를 이해하기 시작한다. 양식良識과 지혜가 이해에 어떤 빛을 비춰 주는지 알기 위해 그 반대가 되는 광기와 어리석음을 연구한다. 이 모두가 합쳐져 "바람을 잡으려는 것"이 된다(1:17). 그는 아주 많이 배우지만, 아무것도 모르는 사람처럼 그 마음은 고통스럽다(1:18). 학위증명서가 연구실 서가에 즐비한데도 그의 눈물은 학교에 한 번도 가 본 적 없는 거리의 노동자와 똑같다.

선생님이 학생의 성적표에 이렇게 적었다. "무지가 축복이라면, 이 학생은 세상에서 가장 행복한 사람이 될 것이다." 물론 우리는 그 반대를 사실로 믿는다. 우리는 교육이 온갖 질병에서 우리를 구해 주고 행복에 이르는 길 위에 우리를 둘 수 있다고 확신한다. 전도자는 이 특별한 추구가 언덕만큼 오래된 것임을 보여준다. 최고 학교에 들어가 열심히 공부해 최선의 결과를 달성하고, 배우고 또 배우고 또 배워 사다리를 올라가면, 당신은 출세할 것이다. 정상을 목표로 삼으면, 태양이 빛을 발할 것이다. 전문 학자들과 협력하면, 분명 새로운 지식 수준으로 급상승할 것이다. 하지만 전도자는 그렇지 않다고 말한다. 아는 게 많을수록, 나는 더 우울해진다.

2장 첫머리에서 전도자는 대학을 뛰쳐나와 새로운 접근을 시도한다. 불타는 밤을 보내고, 티켓을 구입하고, 코미디를 시청해 보자. 고급 와인바가 거리에 즐비하고, 그는 밖으로 나가 태양 빛을 받으며 연거푸 잔을 들이킨다. 인생은 짧다. 나는 인생을 즐겨야 한다. 그날그날 살고, 대수롭지 않게 여기며, 행복을 누리라. 왜 삶에 대해 염려하는가? 이런 문구가 냉장고 자석과 범퍼 스티커의 내용이다. 전부 다 잊고, 인생을 즐기고, 마음껏 웃으라.

코미디언이 쓴 자서전을 읽어 본 적이 있는가? 그들은 세상에서 가장 외롭고 가장 우울한 사람일 경우가 많다. 우리의 국민 오락이란, 대부분의 사람들이 온갖 즐거움과 재미를 위해, 온갖 창조성을 위해, 현실의 고통에 스스로 마비되는 수단일 뿐이다. 당신이 예술과 음악, 고급 와인을 곁들인 훨씬 교양 있는 쪽에 있든, 허름한 선술집 밀실에서 야한 스탠드업 코미디를 지켜보는데 한쪽 귀에 풋볼 경기가 시끄러운 소리를 내고 다른 쪽 귀에 음악이 들리든 상관없다. 얼마나 많이 해소되던가?

갑자기 우리는 또 다른 모퉁이를 돌고, 전도자는 이제 부지런해진다(2:4). 일, 경영, 큰 사업, 목표 달성…. 혹시 이게 걸어야 할 길일까? 여기가 행복이 머무는 곳일 수 있을까? 훈련과 목표, 재정, 건축,

농업. 이제 왕궁 소유지의 총괄 책임자, 공원과 정원 분야의 최고 책임자가 되어 보자. 기꺼이 책임을 맡고, 거창한 일을 성취해 보자. 계속 노력하고 그 일에 매달린다면, 어느 날 내 이름이 명판에 있지 않을 이유는 없다.

그다음, 권력이 등장한다. 아울러 돈, 그리고 당연히 섹스. 부유한 왕이 꿈꿀 수 있는 최대치의 섹스. 마침내 그는 유력한 인물이다. 틀림없이 A급 유명인이고, 『포브스』Forbes 연례 백만장자 명단 꼭대기를 차지한다. 원하는 것은 무엇이든 즉시 소유한다. 그는 삶을 사랑하고, 이전에 누구도 살아보지 못한 삶을 산다.

이것이 은밀한 꿈의 실상이다. 명성과 부. 하늘이 그 한계인데, 거기 도달한 것처럼 보인다. 하지만 거기 도달한 뒤 한 걸음 물러나 자신의 제국을 훑어보니, 모든 게 허무하고 무의미하여 바람을 잡으려는 것과 같다(2:11). 그는 실제로 아무 유익도 얻지 못했다. 그래서 모든 것을 소유했던 사람이 이렇게 말한다. 그가 발견한 사실은, 우리는 인생의 모든 모퉁이에서 행복을 추구하지만, 바로 그 모퉁이에 수확 체감의 어둠이 숨어 있다는 것이다. 결국 성취와 즐거움은 영원하지 않다. 모든 게 일시적이다. 행복이란 사라지는 수증기다. 우리의 모든 거품은 결국 터진다.

2. 인간의 영원한 문제

전도자가 온갖 노력을 기울여 인생의 행복을 쫓아갈 때, 지평선 위로 구름이 모여 그의 야망을 좌절시킨다. 그는 세상의 실제 현실을 바꾸어 놓을 수 없음을 깨닫는다(1:15). 전도자는 많은 양의 교육이 우리가 감당할 수 없을 정도로 우리를 삶의 복잡성에 노출시킨다는 사실을 깨닫는다. 이안 프로반은 대학 시절 한 특출난 철학과 학생이 파티에 참석해 보드카 병을 들고 앉아 리듬에 맞춰 벽에 머리를 부딪치고 있었던 이야기를 들려준다.[4] 그리고 모든 큰 사업과 재산과 즐거움을 끝까지 맛본 전도자는 해변의 모래성만 자기에게 남은 것을 깨닫는다(2:11).

하지만 이 모든 노력은 항상 이 단락 전체를 잠식해 왔던 커다란 그림자 하나 때문에 퇴색된다. 이런 곤경은 인생에서 전도자가 느끼는 절대적인 당혹감의 원천이 아니다. 그의 가장 큰 문제는 죽음이다.

> 지혜자는 그의 눈이 그의 머릿속에 있고 우매자는 어둠 속에 다니지만 그들 모두가 당하는 일이 모두 같으리라는 것을 나도 깨달아 알았도다(2:14).

죽음은 지혜로운 자와 어리석은 자를 모두 괴롭힌다. 그들은 자신들의 인생에서 제각각 무언가를 이루지만, 머지않아 그들은 구별되지 않을 것이다.

> 지혜자도 우매자와 함께 영원하도록 기억함을 얻지 못하나니 후일에는 모두 다 잊어버린 지 오랠 것임이라. 오호라. 지혜자의 죽음이 우매자의 죽음과 일반이로다(2:16).

궁극적 의미를 찾는 일평생의 실험 곳곳에서, 전도자는 바보처럼 살지 않았다. 포도주로 자신을 즐겁게 하고, 어리석음을 붙잡아 두는 것조차 행복을 발견하기 위해 시도한 치밀한 활동이었다(2:3). 그는 양식senses을 잃지 않았다. 전도자는 줄곧 자신이 무슨 일을 하는지 알았다. 하지만 이제 그는 이런 식으로 지혜롭게 사는 것조차 막다른 궁지에 몰리지 않게 하거나 거기서 벗어나게 하지 못할 것임을 깨닫는다. 촌뜨기 바보와 다를 바 없다.

죽음의 현실은 전도자가 이룬 인생의 모든 성취를 바라보는 관점을 바꾼다. 그는 자신의 모든 재산이 다른 사람에게 넘어갈 거라는 사실에 조금씩 눈을 뜬다. 그리고 그가 지혜롭다 한들, 자신의 부가 바보의 소관하에 들어가지 않을 거라고 장담할 수 있는가?(2:18-19) 우리는 1장의 고뇌로 돌아왔다. 우리 뒤에 오는 사람이 우리의 모든 수고와 노력을 관장할 것이다. 혹시 그들이 부를 늘릴지도 모른다. 어쩌면 부를 파괴할 수도 있다. 하지만 어느 쪽이든, 우리는 죽어 사라질 것이고 곧 잊힐 것이다. 그러니 우리가 성취한 모든 것에 어떤 의미가 있는가? 유익이 전혀 없는데, 왜 무언가에 안달하는가?

이 말이 당신에게 너무 암담하고 비관적으로 들린다면, 나는 인생의 덧없음에 대해 당신이 깊이 숙고하지 않았기 때문이라고 의심할 수밖에 없다. 언젠가 망자가 되어 잊힐 것을 감안하여 당신이 하는 일이 대체 왜 중요한지 의문을 품지 않았다면, 당신은 죽음의 현실에 대해 깊이 생각하지 않은 것이다. 차분히 앉아 죽음을 정면으로 맞닥뜨리려고 할 때, 전도자의 말이 우리의 뇌리를 파고들 것이다. "사람이 해 아래에서 행하는 모든 수고와 마음에 애쓰는 것이 무슨 소득이 있으랴?"(2:22) 많지 않다는 게 솔직한 대답이다.

우리는 이런 질문과 씨름하지 않고 쉽게 시선을 돌린다. 이안 프로반의 설명처럼, 전도서의 이 단락은 "피할 수 없는 죽음의 그림자 속에 살고 있는 유물론자의 부단한 염려에 대한 냉정한 진술"이다.[5] 끈질긴 불안은, 무덤이 우리에게서 잔혹하게 앗아 가는 모든 것을 지켜볼 때 자리 잡는 것이다. 하지만 의식적으로 죽음을 실제로 준비하는 건 고사하고, 우리가 죽을 거라는 사실을 생각하고 싶은 사람이 있을까? 블레즈 파스칼은 이렇게 주장했다. "죽음이나 불행, 무지를 치료할 수 없었던 까닭에, 사람은 행복해지기 위해 그런 것에 대해 생각하지 않기로 선택했다."[6] 우리는 다른 일로 우리의 삶을 채움으로써 이런 것에 대한 생각을 거부한다. 널리 알려진 대로, 파스칼은 이렇게까지 주장했다. "인간 불행의 유일한 원인은 자기 방에 조용히 머무는 법을 알지 못하는 것이다."[7] 그는 이렇게 믿었다.

열정 없이, 일거리 없이, 오락 없이, 응용 없이, 완전한 휴식 상태에 있는 것만큼 사람에게 견디기 힘든 것은 없다. 그때 사람은 자신의 무가치함, 자신의 버림받음, 자신의 부족함, 자신의 의존성, 자신의 무력함, 자신의 공허함을 느낀다. 자기 영혼의 깊이를 감당하지 못해 권태, 우울, 비애, 슬픔, 원한, 절망이 솟아오를 것이다.[8]

오락과 기분 전환은 불행과 혼돈 앞에서 우리가 자신을 다독일 때 사용하는 방법이다.

거품 터뜨리기

분명 사람은 생각하기 위해 만들어졌다. 생각 속에 사람의 모든 존엄성과 장점이 들어 있다. 그리고 사람의 본분은 어떻게 하는 게 마땅한지 생각하는 것이다. 그렇다면 생각의 순서는 우리 자신에서, 또한 조물주와 우리의 목적에서 시작하는 것이다. 그런데 이제 세상은 무엇을 생각하는가? 그에 대해서는 결코 생각하지 않은 채, 춤을 추고, 악기를 연주하고, 노래를 부르고, 노랫말을 쓰고, 말을 달리는 것 등을 생각하며, 왕이 되려고 한다. 왕이나 사람이 되는 게 어떤 의미인지 생각하지 않은 채 말이다.[9]

우리가 전도자의 느낌에 공감하지 못한다면, 그 이유는 우리 자신의 유한성에 대한 궁극적 질문으로부터 우리 시선을 돌려놓는 기분 전환용 레퍼토리에 우리를 도매로 넘겨주었기 때문일 것이다. 파스칼의 시대에 기분 전환은 사냥, 게임, 도박을 비롯한 다른 여러 오락으로 구성되었다. 요즘 시대에 우리는, 소셜 미디어와 무한한 오락거리를 제공하는 완전히 디지털화된 세계에 깊숙이 연결되고 항상 접속되어, 그 세계의 넘쳐나는 잡동사니에 잠긴다. 전도자는 이런 일 자체에 대해 부정적인 입장은 아닐 것이다. 그는 단지 우리가 죽음을 직시할 수 있는지, 혹은 절대 터지지 않을 거라고 생각하며 거품 속에서 살려고 애쓰고 있는 건 아닌지 질문할 것이다. 사실, 죽음이 우리 삶의 방식에 영향을 주지 않으면, 우리는 죽음이 존재하지 않는 것처럼 흉내 낼 것이다. 피터 크리프트Peter Kreeft가 파스칼에 대해 설명하며 말하듯 말이다.

당신이 전형적인 현대인이라면, 당신의 삶은 거실 마루 한복판에 끔찍한 구멍이 난 저택과 비슷하다. 당신은 시선을 분산시키려고 아주 복잡한 무늬 벽지로 이 구멍을 덮는다. 당신은 집 한복판에서 코뿔소를 발견한다. 비참함과 죽음이라는 코뿔소다. 대체 당신은 어떻게 코뿔소를 숨길 수 있는가? 쉽다. 백만 마리 쥐로 코뿔소를 덮으면 된다. 다양한 기분 전환 거리.[10]

사람의 영원한 문제는, 죽음이 우리 모두에게 닥친다는 것이다. 우리 가운데 누구도 영원하지 않고, 우리가 하는 어떤 일도 영원하지 않다. 우리는 죽을 것이다.

지금까지 전도서 저자는, 우리가 오락거리를 걷어치우고 이 진리를 정면으로 직시하도록 하기 위해 애썼다. 이제, 바로 이제야, 우리는 그의 첫 번째 빛줄기를 받아들일 준비가 되었다.

3. 인간의 참된 관점

이 단락 곳곳에서 전도서 저자는 즐거움과 이익, 물질주의, 웃음의 거품을 터뜨렸다. 죽음의 날카로움은 궁극적 행복을 흉내 내는 우리의 모든 가식을 파고든다. 그런데 이제 전도자는 깜짝 놀랄 일을 한다. 그는 죽음의 거품을 터뜨린다.

훌륭한 삶을 위한 전도자의 처방은 그다지 좋아 보이지 않는다. "사람이 먹고 마시며 수고하는 것보다 그의 마음을 더 기쁘게 하는 것은 없나니"(2:24). 얼핏 보기에 이것은 허무주의의 신조와 비슷하다. "먹고, 마시고, 즐기라. 내일 우리는 죽을 것이니." 우리는 이 슬

로건과 전도서의 세계관 차이를 몇 가지 살펴볼 텐데, 첫 번째 차이점은 이것이다. 어떤 사람이 "먹고, 마시고, 즐기라"라고 말하는 이유는 그게 존재하는 전부이기 때문이다. 반면 전도자가 "먹고, 마시고, 즐기라"라고 말하는 이유는 그것이 거기에 존재하기 때문이다. 하나님은 우리에게 이 세상의 좋은 것을 주셨고, 그것 자체가 보상이다.

자신이 죽을 것이라는 사실을 진지하게 받아들일 때, 이러한 현실은 우리가 추구하는 모든 좋은 것에 너무 많이 기대하지 않도록 막아 준다. 우리는 이런 것이 우리를 행복하게 만들어 주는 데 필요해서가 아니라 그 자체를 위해 추구하는 법을 배운다. 죽음은 피조물로서 우리의 한계에 맞추어 우리를 재설정해 주고, 우리 삶에서 항상, 매일, 날마다 바로 우리 앞에 있는 하나님의 좋은 선물을 보도록 도와준다. 우리는 이런 선물을 세상에서 궁극적 유익을 확보하는 더 큰 목적을 위한 수단으로 사용하는 대신, 이런 선물 안에 살면서 그 속에서 하나님의 손길을 느끼는 기회를 얻는다. 보통 우리는 그저 우리의 일을 계속하게 해주는 연료를 얻기 위해 먹고 마신다. 보통 우리가 일하는 목적은, 생활비를 벌기 위해서가 아니라 만족과 목적을 찾기 위해서이고, 스스로 명성을 얻고 성공을 이루기 위해서 일 가능성이 아주 높다. 음식을 먹는 즐거움이 우리가 감사하는 마음 없이 간과하는 매일의 기쁨이라면? 우리의 일이 우리를 출세시키기 위한 게 아니라, 우리를 신실하고 관대하게 만들기 위한 것이라면? 우리가 이렇게 살아야 한다는 것을 죽음이 보여준다면?

우리는 1장에서 만사를 있는 그대로 받아들이지 않으려는 거리

낌이 인간 조건의 중심에 있음을 보았다. 우리는 끊임없이 변하는 세상에서 영원한 삶을 갈망하고, 또 그것을 성취하기 위해 분투한다. 영원히 반복되는 세상에서 변화를 갈망하고, 또 반복을 중단할 방안을 꿈꾼다. 동일한 생각이 전도서의 이 단락에 존재한다. 2:4-9에서 수행된 거창한 사업의 놀라운 특징 중 하나는 에덴동산을 상기시키는 표현이 사용된다는 점이다. 마치 전도자가 하나님의 선하고 완전한 세계를 재창조하려고 애쓰는 것 같다. 하지만 이런 일은 불가능하다. 우리가 살고 있는 세상은 지금 타락하여 저주 아래 있기 때문이다. 즉, 하나님은 우주의 구조 속에 균열을 두셨고, 만물은 이제 이상적인 상태가 아니다(1:15).

우리는 피조물, 타락한 피조물이기에 한계가 있다. 우리는 지금 이 세상에서 산다는 게 어떤 의미인지에 대해 천성적으로 왜곡된 전제를 갖고 있다. 주변 세상, 곧 일, 재산, 사람을 우리 자신의 목표를 달성하려는 목적의 지렛대로 사용하는 경향이 있다. 이것들은 우리가 자신의 목적을 위해 삶을 지배할 때 사용하는 도구다. 하지만 이 단락에서 전도자의 전체 요지는, 세상이 내게 맞추는 데 이용될 수 없고, 삶은 지배가 아니라 누리기 위한 것임을 보여주는 것이다. 제프리 마이어스Jeffrey Meyers는 이렇게 표현한다.

이것을 깨달을 때, 당신이 하나님을 존중하는 가운데 삶을 다루는 데 도움이 된다. 예를 들어, 절망스러운 상황에 휘말린 당신이 그 상황을 좌지우지함으로써 벗어날 수 없는 처지에 놓이더라도 놀라지 말라. 모든 것을 바로잡을 수는 없다! 모든 문제를 해결할 수 있는 건 아니다. 어떤 것은 견뎌 내야 하고, 고통 가운데 인내해야 한다. 지혜는 우리에게 세상을 지배하는 방법을 가르쳐 주지 않는다. 지혜는 삶을 프로그래밍 하여 질서 있고 예측 가능한 삶을 만드는 기술을 우리에게 주지 않는다.[11]

흥미롭게도 1:14부터 2:23에는 저자의 기준 틀에서 하나님이 완전히 부재하신다는 점이다. 분투하는 자아가 중심에 있다. 그런데 이제 2:24-26에서 하나님이 연달아 세 번 언급된다. 하나님이 주시는 것에 강조점이 놓인다. 하나님은 삶의 기쁨과 만족을 주시는 분이다. "내가 이것도 본즉 하나님의 손에서 나오는 것이로다"(2:24). 이것은 대단히 심오하고 멋진 주장이고, 우리가 보기에 진실이다. 무한한 기쁨은 아이폰과 함께 상자에 담겨 오지 않는다. 만약 그렇다면, 당신이 왜 업그레이드 하려고 생각했겠는가? 기쁨은 당연히 섹스의 일부도 아니다. 기쁨은 당신이 꿈꾸는 집의 열쇠 꾸러미에도 있지 않다. 기쁨은 새 자동차 조수석에 앉아 당신과 함께 여행하지 않는다. 삶이 제공해야 할 최고를 맛본 것 같았지만 여전히 다음에 무엇이 닥칠지 의문스러운 상태에 있는 게 어떤 것인지 우리 모두 알고 있다.

전도자의 말에 의하면, 하나님이 우리에게 기쁨을 주셔야 한다. 그렇지 않으면, 그것 자체(휴대폰, 섹스, 집, 차)는 우리에게 만족을 주지 못한다. 그리고 하나님이 선물을 통해 우리에게 기쁨을 주시는 방식은 우리 자신에 대한 깨달음이다. 하나님의 선물이 더 큰 것을 위한 디딤돌이 아님을 깨달을 때, 우리가 자신의 경력을 통해 세상을 통치하거나 우리의 운명을 지배하거나 궁극적인 유익을 얻지 못한다는 사실을 깨달을 때, 비로소 발견하는 바가 있다. 곧 기쁨이나 즐거움 "자체가 우리가 인생에서, 또 우리가 살면서 쏟아부은 모든 노력에서 기대할 수 있는 보상이다. …기쁨에는 기쁨 그 자체를 넘어서는 우수리가 전혀 없다. 실은 기쁨을 추구하지 않고 기쁨을 움켜잡지 않겠다는 거절 외에, 기쁨에 이르는 길은 전혀 없다."[12]

하나님은 또한 "지혜와 지식과 희락"을 주시는 분이다(2:26). 놀랍게도, 전도자의 평생에 걸친 장대한 행복 탐색 마지막에서야 행복이 어디에서 오는지 발견한다. 행복은 자기 노력이 아니라 하나님의 선물로 주어진다. 하나님은 "자기를 기뻐하는 자"에게 이런 것을 주신다.

이것은 첫 번째 빛줄기일 뿐이고, 전도서의 이 지점에서 아주 밝은 빛을 발하는 것 같지는 않다. 도리어 추상적이고, 왠지 난해해 보일 수도 있다. 하지만 꽉 붙들라. 우리는 전도서에서 이제야 이것을 막 보았지만, 전도자는 우리가 하나님과 올바른 관계를 맺고 이웃과 올바른 관계를 맺게 해주는 세상 속 존재 방식에 깊이 몰두해 있다.

앞으로 우리에게 필요할 인생의 모든 행복은 이 두 가지로부터 흘러나온다. 거기서 우리는 자신을 진실하게 보기 때문이다. 곧 창조주와 올바른 관계를 맺도록 만들어진 의존적인 피조물이라는 것.

거품 터뜨리기

토론과 개인 묵상을 위한 질문

1. 매일 아침, 잠자리를 털고 일어나게 하는 동기는 무엇인가?
2. 지인들의 삶을 볼 때, 무엇이 그들을 행복하게 하는가?
3. '참된 기쁨'이 무엇인지 전혀 모르는 친구에게 이것을 어떻게 설명해 주겠는가?
4. 당신을 포함하여 당신 곁의 사람들은 죽음의 현실을 직면하지 않기 위해 어떤 방법을 사용하는가?
5. 죽음이 삶을 누리는 데 필요한 관점을 줄 수 있다는 생각을 당신은 어떻게 받아들이는가?

3
이런 때, 저런 순간

전도서 3:1-22

태어날 때가 있고 죽을 때가 있으며, 심판받을 때가 있다.
죽음을 준비함으로써 사는 법을 배우는 길 하나는,
죽음은 심판을 의미하고 이것이 유익한 일임을 깨닫는 것이다.

3

이런 때, 저런 순간

모든 게 잘될 것이고, 만사가 전부 잘될 것이다.

노리치의 줄리안, 『하나님 사랑의 계시』*Revelations of Divine Love*

¹ 범사에 기한이 있고 천하 만사가 다 때가 있나니

² 날 때가 있고 죽을 때가 있으며

심을 때가 있고 심은 것을 뽑을 때가 있으며

³ 죽일 때가 있고 치료할 때가 있으며

헐 때가 있고 세울 때가 있으며

⁴ 울 때가 있고 웃을 때가 있으며

슬퍼할 때가 있고 춤출 때가 있으며

⁵ 돌을 던져 버릴 때가 있고 돌을 거둘 때가 있으며

안을 때가 있고 안는 일을 멀리할 때가 있으며

6 찾을 때가 있고 잃을 때가 있으며

지킬 때가 있고 버릴 때가 있으며

7 찢을 때가 있고 꿰맬 때가 있으며

잠잠할 때가 있고 말할 때가 있으며

8 사랑할 때가 있고 미워할 때가 있으며

전쟁할 때가 있고 평화할 때가 있느니라.

9 일하는 자가 그의 수고로 말미암아 무슨 이익이 있으랴? 10 하나님이 인생들에게 노고를 주사 애쓰게 하신 것을 내가 보았노라. 11 하나님이 모든 것을 지으시되 때를 따라 아름답게 하셨고 또 사람들에게는 영원을 사모하는 마음을 주셨느니라. 그러나 하나님이 하시는 일의 시종을 사람으로 측량할 수 없게 하셨도다. 12 사람들이 사는 동안에 기뻐하며 선을 행하는 것보다 더 나은 것이 없는 줄을 내가 알았고 13 사람마다 먹고 마시는 것과 수고함으로 낙을 누리는 그것이 하나님의 선물인 줄도 또한 알았도다.

14 하나님께서 행하시는 모든 것은 영원히 있을 것이라. 그 위에 더 할 수도 없고 그것에서 덜 할 수도 없나니 하나님이 이같이 행하심은 사람들이 그의 앞에서 경외하게 하려 하심인 줄을 내가 알았도다. 15 이제 있는 것이 옛적에 있었고 장래에 있을 것도 옛적에 있었나니 하나님은 이미 지난 것을 다시 찾으시느니라.

16 또 내가 해 아래에서 보건대 재판하는 곳 거기에도 악이 있고 정의를 행하는 곳 거기에도 악이 있도다. 17 내가 내 마음속으로 이르기

를 '의인과 악인을 하나님이 심판하시리니 이는 모든 소망하는 일과 모든 행사에 때가 있음이라' 하였으며 [18] 내가 내 마음속으로 이르기를 '인생들의 일에 대하여 하나님이 그들을 시험하시리니 그들이 자기가 짐승과 다름이 없는 줄을 깨닫게 하려 하심이라' 하였노라. [19] 인생이 당하는 일을 짐승도 당하나니 그들이 당하는 일이 일반이라. 다 동일한 호흡이 있어서 짐승이 죽음같이 사람도 죽으니 사람이 짐승보다 뛰어남이 없음은 모든 것이 헛됨이로다. [20] 다 흙으로 말미암았으므로 다 흙으로 돌아가나니 다 한 곳으로 가거니와 [21] 인생들의 혼은 위로 올라가고 짐승의 혼은 아래 곧 땅으로 내려가는 줄을 누가 알랴? [22] 그러므로 나는 사람이 자기 일에 즐거워하는 것보다 더 나은 것이 없음을 보았나니 이는 그것이 그의 몫이기 때문이라. 아, 그의 뒤에 일어날 일이 무엇인지를 보게 하려고 그를 도로 데리고 올 자가 누구이랴?

전도서 3:1-22

모든 것에는 제자리가 있다

최근에 나는 '밀레니엄 팔콘'을 건설했다.

잘 모르는 이들을 위해 설명하자면, '팔콘'은 아주아주 멀리 있는 은하가 보았던 가장 큰 우주선 가운데 하나다. 「스타워즈」Star Wars에서 한솔로와 그의 조수 추바카가 운행하는 이 우주선은 아주 정확한 시점에 초광속에 진입할 수 있다. 이 우주선은 낡고 누추한 난파선처럼 보이지만, 누구나 알고 있듯이, 이게 이 우주선의 영구적인 매력의 일부다. 그리고 나는 우주선 건설을 도왔다.

물론, 레고 버전이다.

남부 데번에서의 화려한 휴가가 시작되었을 때, 우리 아이들과 나는 멋진 상자를 열어 유명한 우주선이 담긴 1,254개 조각을 쏟아 놓았고, 큰아들이 맞추었다. 전부 아홉 시간이 걸렸다. 끈질기게, 애정을 갖고, 한 조각 한 조각, 한 부분 한 부분 맞춰 가면서 흥분이 점차 고조되었고, 큰아들은 자기 손의 수고가 무언가 장관을 만들어 내는 것을 보았다. 아내도 훌륭한 솜씨라고 실력을 인정했지만, 아내는 '밀레니엄 팔콘'과 '스타십 엔터프라이즈'를 구분하지 못했다.

레고 혹은 이케아 제품을 조립해 본 적이 있다면 알 것이다. 한 조각 한 조각 작업하여, 각각의 조각을 적절한 자리에, 적절한 방법으로, 그리고 적절한 시점에 사용할 때, 성공을 거둘 수 있다. 상자에 그려진 그림과 일치하는 모델을 만들려고 할 때, 내키는 대로 하는 것은 대개 재난으로 이어지는 지름길이다.

아들의 노력을 지켜보는 동안, 인생이 건설 작업과 비슷하다는 생각이 들었다. 우리네 삶은 전부 서로 맞물려 우리 개인의 이야기를 구성하는 서로 다른 수많은 조각, 곧 사람, 사건, 환경, 시간, 장소로 이루어져 있다. 가끔 우리는 작은 조각 이야기의 의미를 나중에야 깨닫는다. 종종 빠뜨린 벽돌이 있는 것 같고, 그것 없이는 계속 해 나가기가 곤란하다. 혹은 어떤 조각이 제자리에 딱 들어맞아 내 인생 프로젝트의 일부가 완성될 때, 엄청난 기쁨과 만족이 찾아온다.

하지만 실제 삶과 레고 건설의 차이는, 실제 삶에는 펼쳐진 조립 설명서가 없다는 점이다. 물론 하나님께는 있다. 우리 손에는 낱개 조각이 들려 있고 하나님은 성경을 통해 건설에 필요한 충분한 설명을 주셨지만, 마스터플랜은 하나님만 갖고 계신다. 우리는 자신의 인생을 건설하고 있고, 어떻게 건설하고 싶은지, 또 어떤 결과물이 나타나기를 바라는지 알고 있다. 하지만 우리 인생이 취할 모습과 관련해서 우리가 통제할 수 없는 게 너무 많다.

전도서 3장의 핵심

전도서 1장에서 전도자는 자신의 핵심 논제를 소개했다. 곧 죽음은 위대함과 유익을 추구하는 우리의 반복적인 탐구를 끝내고, 우리가 단지 지난 세대 뒤와 다음 세대 앞에 등장한 세대일 뿐임을 가르쳐 준다. 하지만 그저 우리의 삶 전체가 연기처럼 왔다가 사라지는 건 아니다. 2장에서 전도자는 우리가 삶에서 몰두하는 모든 추구와 즐거움 역시 영속적인 만족을 거의 주지 못하고 우리 손가락 사이로 빠져나간다고 설명했다.

이제 3장에서 전도자는 큰 그림(인생 전체)과 개별 요소(인생의 계절)를 하나로 통합하면서, 어느 것도 통제하지 못하는 우리의 무능이 바로 희망을 줄 수 있는 이유를 설명한다. 우리의 연약함을 수용할 수 있는 많은 길이 있는데, 그것은 거의 '때'에 관한 분명한 사고를 포함한다. 다음 두 가지 사실을 받아들이는 게 잘 사는 인생의 한 부분이다. 먼저 우리는 시간의 한계에 갇혀 있고, 둘째 하나님은 그렇지 않으시다. 우리가 하는 일은 왔다가 사라지지만, "하나님께서 행하시는 모든 것은 영원히 있을 것"이다(3:14). 우리는 모두 '나' 프로젝트를 세우고 우리 인생의 구조물을 건설하고 있지만, 그렇게 할 때 우리는 건설자도 아니고 현장 소장도 아니다. 우리는 각자 자신의 삶의 이야기를 쓰고 있지만 주요 저자가 아니다.

전도서 3장은 장례식에서 종종 읽는 유명한 시구, 심지어 인본적인 경구로 이루어진 대단히 아름다운 장이다. 하지만 앞으로 우리가 보듯이, 1-8절에 있는 전도자의 아름다운 시는 이야기의 반쪽에 불과하다. 우리가 이 시에서 실제로 기쁨과 희망을 발견하려면, 9-22절에 있는 산문의 일침이 필요하다.

1. 이 시의 인상적인 패턴(1-8절)

창조 세계에 내재된 주기적 패턴이 있듯이, 이 세상에서 우리의 삶도 흐르는 세월과 함께 밀려왔다 밀려가는 규칙성과 운율을 경험한다. 전도서 3장은 시를 통해 이 점을 보여준다.

"정반대 혹은 반대 극단을 나란히 두어 중간(가령, 북쪽과 남쪽, 하늘과 땅)에 있는 모든 것을 포괄하는" 세련된 문학 기법을 통해, 1절의 진술—만사에 기한과 때가 있다—은 2-8절에서 살이 붙는다.[1] 따라서 "날 때가 있고 죽을 때가 있다"(2절)라는 표현은 삶 전체를 담아낸다. 즉, 삶에는 시작하는 때와 마치는 때가 있고, 시작과 마감의 결정적 순간 사이에서 다른 모든 일이 벌어진다.

삶과 죽음이라는 큰 그림을 서술한 다음 이 단락의 나머지 내용은, 우리 대부분이 한두 번 이상 관여하거나 접하는 다양한 삶의 경험과 온갖 인간 활동을 거친다. 양쪽 극단과 그 앞이나 뒤에 오는 것 사이에 논리적 진행이나 당연한 연관 관계는 없는 것 같다. 여기에 어떤 구조가 있다면, 반대 목록이 14쌍을 이룬 28개 항목으로 구성되어 있다는 사실에 있을 가능성이 가장 높다. 이 말의 의미는, 이 목록이 일곱, 곧 성경에서 완전을 상징하는 숫자의 배수로 구성되어 있다는 것이다.[2] 이것은 모든 인간 삶에 내포된 일의 총체성을 재차 강조하는 세련된 방식이다. 이는 인생의 계절에 대한 완벽한 요약이다.

전도자가 9-22절에서 전개하는 내용을 고려하지 않은 채, (사람들이 가끔 그러듯이) 1-8절을 3장 전체에서 떼어 내 참된 의미를 드러낼 수 있다고 생각하는 건 오류다. 이 시가 제시하는 한 가지 문제를 산문부가 해결하려고 시도할 것이다. 아울러 이 시에는 오래 음미할 만한 가치가 있는 놀라운 풍성함이 있다.

우선, 이 시가 삶의 아름다운 복잡성을 어떻게 표현하는지 주목하라. 이 목록의 일부 양극은 나쁜 때와 좋은 때의 기본 패턴으로 함께 묶일 수 있다. 즉, 죽일 때가 있고 치료할 때가 있으며, 사랑할 때가 있고 미워할 때가 있으며, 전쟁할 때가 있고 평화할 때가 있다. 하지만 모든 계절에 순전히 좋거나 나쁜 반대가 있는 건 아니다. 안을 때가 있고 안는 일을 멀리할 때가 있으며, 잠잠할 때가 있고 말할 때가 있다. 이런 일은 모두 적절한 때에 적절한 방식으로 하면 좋을 수 있다. 우리에게 훨씬 모호해 보이는 것도 있다. 찾을 때가 있고 잃을 때가 있다는 것이다. 이 가운데 어떤 게 유리하거나 불리할까? 1장에서처럼 다시 이 시의 형식이 이 시에 담긴 의미의 한 부분을 형성한다. 즉, 인생은 복잡하여 좋은 시기와 힘든 시기, 그 사이 시기로 가득하고, 전반적인 생활 방식의 선택과 결정에 종종 필요한 지혜는 우리를 피해 가는 것 같다. 이 모든 낱낱의 일들에는 때가 있다.

또한 이 시의 종합적 효과가 어떻게 인간 삶의 골격에 살을 덧입히는지 주목하라. 세상에는 우리에게 영향을 미치는 계절(전쟁과 평화)이 있지만, 이 시의 거의 모든 짝은 출생과 죽음의 순간 사이에서 우리와 다른 사람들이 맺은 관계성을 포괄한다. 우리는 더없이 관계적인 존재로, 관계의 다양한 단계를 거치는 항해와 그 관계가 우리에게 미치는 영향이 우리 인생 계절의 대부분을 차지한다. 우리는 결혼식에서 춤을 추고, 우리가 같이 춤추었던 사람의 죽음을 애도한다. 우리는 함께 웃고, 그렇게 함께 웃곤 했던 사람들이 우리에게 한 일 때문에 눈물 흘린다. 무의식적으로 우리는 손을 내밀어 접촉하지만, 본능적으로 다른 사람과의 관계에서 서로 다른 감정적, 신체적 경계선을 존중한다. 우리는 성장하면서 어떤 사람을 사랑하고, 다른 사람을 미워하게 된다.

우리가 인생의 계절을 얽혀 있는 관계망 밖으로 빼내려고 한다면, 우리 삶은 무미건조하고 단조로워질 것이다. 우리는 날마다 달력에 표시하지만, 그저 해와 달의 패턴에 따라 인생의 계절을 정하지 않는다. 오히려 우리의 시간은 딸과 자매가 되는 때, 아내와 연인, 그 뒤 엄마와 할머니, 또 미망인이 되는 때에 의해 표시된다. 이것들이 하나님이 주시는 계절이다. 하나님이 허락하시는 때는 관계의 현존이나 부재에 묶여 있다.[3]

전도자는 양극 패턴의 각 항목을 바라보는 관점을 우리에게 제시하려고 노력함과 동시에, 이렇듯 리듬을 따라 정돈된 시간 배열의 난감함을 보여준다. 삶은 결함으로 가득하다. 죽음, 흐르는 눈물, 울음, 애도, 미움, 전쟁. 우리가 경험할 이러한 삶의 순간들은 우리가 에덴의 동쪽에, 또한 저주 아래 살고 있음을 가장 고통스러운 방식으로 보여준다. 그뿐 아니라, 이들 각 항목의 순서에 시간적 연결이나 뚜렷한 목적이 전혀 없다는 사실 자체가 전도자가 주장하는 논점의 일부다. 즉, 우리는 이런 일 가운데 어떤 것도 전혀 통제하지 못한다. 우리는 매일매일 책임 있는 결정을 내리지만, 현실에서 인생의 계절이 거의 완전히 우리 손을 벗어나 있음을 우리 모두 알고 있다. 모든 것에는 때가 있지만, 우리는 시계 위에 그때를 배열하지 않는다. "오늘 세 시간 웃고, 유감스럽지만 다음 주에 딱 20분만 슬퍼할 거야. 그 뒤 완전히 새로운 인생의 장에서 엄청난 성공을 거두고, 2년 반 뒤에 기쁘게 다른 새로운 일로 이동할 거야." 삶이 이렇지 않다는 건 우리 모두 알고 있다. 그렇다면 우리는 삶에서 무엇을 할 수 있는가?

이 시에 제시된 불행의 개별적 측면들이 전부 결합되면서 하나의 커다란 결함을 지목한다. 여기서 나는 이 아름다운 시가 그 자체로 실제 우리에게 유익하기보다 해로운 내용을 더 많이 다룬다는 내 주장을 보강하고 싶다. 전도자가 이 시 직후에 9절을 어떻게 이어 가는지 주목해 보라. "일하는 자가 그의 수고로 말미암아 무슨 이익이 있으랴?" 이것은 가장 강력한 기습 펀치다.

만사에는 때가 있다. 인생은 좋은 것과 나쁜 것, 얽히고설킨 관계와 절묘한 감칠맛의 서정적 배열이고, 그 모든 것의 마지막에 당신은 차갑고 딱딱한 땅 속 상자 안에 들어간다. 인생의 모든 계절을 산 뒤 당신은 무엇을 얻었는가? 아무것도 없다. 당신은 죽었다. 당신은 전부 다 경험했고, 왔다가 사라졌는데, 영원한 유익을 하나도 얻지 못했다. 3장의 처음 여덟 절에서, 무신론 철학자나 계관시인이 적지 못할 내용은 전혀 없다는 사실을 깨닫는 게 중요하다. 경험이 풍부한 사람은 누구나 삶을 이런 식으로 극화할 수 있고, 주기적 패턴의 경쾌한 흐름으로 전부 다 요약할 수 있다.

그런 연유로, 나는 일반 장례식에서 이런 말을 들어 보긴 했지만, 9절까지 도달한 조사弔辭는 아직 듣지 못했다. 당신이 1-8절을 일반 장례식에서 읽느냐 기독교식 장례식에서 읽느냐는 별로 중요하지 않을 수 있다. 어차피 장례식이니까. 아무개가 다양한 삶을 두루 알차게 경험했을 수 있다. 하지만 그는 이제 무엇을 얻었는가? 아무것도 없다. 그는 죽었다. 그걸로 끝이다.

앞서 보았듯이, 전도서를 읽으면서 우리가 던져야 하는 질문 가운데 하나는, 전도서의 메시지와 허무주의의 악담을 무엇이 구별해 주는가 하는 것이다. "먹고, 마시고, 즐겨라. 내일 우리는 죽을 테니." 전도서가 몇몇 부분에서 이와 아주 비슷하게 들리겠지만(2:24을 기억하라), 사실 전도서는 이런 종류의 세계관과는 거리가 한참 멀다.

3장의 산문 단락에서 그 이유를 보여주기 시작한다.

2. 이 시의 위로와 도전(9-22절)

1-8절의 시 뒤에 9절의 냉혹한 현실이 나오는 이유는 큰 충격을 주기 위해서다. 세상의 주기적인 질서는 이 모든 것 가운데서 유익

의 발견으로 이어지지 않는다. 리듬이 우리의 삶을 타고 흐르고, 우리는 정말 어떤 일이 일어나고 있는지 의식하지 못하는 사이 이런 일이 일어나는 것을 깨닫곤 한다. 그리고 삶이 계속 변한다는 사실 자체는 영속적인 성공이나 깊은 만족감을 우리에게 전혀 남기지 않는다.

하지만 이제 전도자는 경이로운 관점을 더해 줄 테니, 전도서의 남은 부분을 읽는 동안 이 관점을 우리 곁에 두어야 한다. 즉, 인생에서 경험하는 때만 내가 존재하는 것은 아니다. 태어날 때가 있고 죽을 때가 있으며, 심판받을 때가 있다. 죽음을 준비함으로써 사는 법을 배우는 길 하나는, 죽음은 심판을 의미하고, 이것이 유익한 일임을 깨닫는 것이다. 이 깨달음은 나의 현재 행동에 의미와 무게를 더해 주고, 내가 경험한 상실과 불의가 하나님 앞에서 목소리를 내게 해준다. 과거사는 과거의 것이지만, 하나님은 과거사를 잊지 않으신다. 그리고 하나님이 영원히 살며 주관하시기 때문에, 어느 날 모든 일이 잘될 것이다. 일어나는 모든 일 하나하나가 법정에 설 날이 있을 것이다.

이것은 위로와 도전을 동시에 준다. 이제 이 두 가지에 대해 생각해 보자.

위로

우리 집 아이들의 불만은 내 아내와 내가 아이들보다 더 큰 그림을 볼 수 있고, 종종 아이들이 정말 이해하지 못하는 목표를 위해 일하는 데서 대부분 기인한다. 무엇을 먹을지, 무엇을 입을지, 언제 침대에 가야 하는지, 그들이 가도록 허락해야 할 곳과 가지 않아야 할 곳 등 아이들의 작은 삶은 부모들이 제공해 주고자 하는 전체 질서 속에서 리듬과 패턴을 발견한다. 아이들이 항상 깨닫는 건 아니지만, 이것은 아이들에게 최고의 안전과 최상의 적절한 자유를 제공해 주기 위한 것이다. 아이들은, 사건들을 종합하고, 미진한 부분을 정리하고, 시간이나 장소와 관련된 결정을 조정하기 위해 노력하고, 한 아이를 수영장으로 보내고 한 아이를 체육관으로 보내면서 식사를 준비하고, 잔디를 깎고, 기도 모임에 제시간에 도착해야 한다는 사실을 기억하는 스트레스와 염려로부터 자유롭다.

모든 성인도 자신의 삶 및 하나님이 정하신 순서와 관련해서는 어린아이와 같다. 우리는 주기적 패턴으로 우리의 삶을 채우지만, 하나님은 동일한 시간표에 따라 존재하지 않으신다. 하나님이 하는 일은 "영원히 있을 것"이고(14절), 그분은 처음부터 마지막을 보고, "모든 것을… 때를 따라 아름답게." 만드실 수 있다(11절). 다시 말해, 하나님은 영원히 사시나 우리는 그렇지 않기 때문에, 내 인생의 여러 다양한 때를 경험하면서 내가 깨닫는 바가 있다. 곧 내 인생의 다양한 때는, 나는 볼 수 없을지라도 전체를 아름답다고 여기시는 선하고 지혜로운 하나님은 보실 수 있는 더 큰 그림의 일부라는 점이다.

이 세상에서 지혜롭기 위해 필요한 것이 있다. 곧 우리는 이 큰 그림에 아주 제한적으로만 접근한다는 사실을 받아들이는 것이다. 분명 우리는 종종 큰 그림에 접근하기를 **원한다**. 하나님이 "사람들에게 영원을 사모하는 마음"을 주신 탓이다. 하지만 핵심은 "하나님이 하시는 일의 시종을… 측량할 수 없게 하셨다"는 것이다(3:11).

하나님은 친절하게도 그것을 우리와 공유하지 않으신다. 핵심은 우리가 큰 그림을 이해하도록 만들어지지 않았다는 것이다. 우리는 시간 속에 살지만 하나님은 그렇지 않으시기 때문이다. 만약 우리가 처음부터 마지막을 볼 수 있고, 수백만의 삶과 수천 세대, 말로 다할 수 없는 슬픔과 표현할 수 없는 기쁨이 전부 엮여 어떻게 완벽하게 아름다운 태피스트리를 만들어 내는지 이해할 수 있다면, 우리는 하나님이 될 것이다.

이 말은, 세상 속에서의 성장이란 작아지는 법을 배우는 것임을 뜻한다. 하나님은 우리가 아이들처럼 되기를 바라신다. 아이들은 자기들이 볼 수 없는 것을 부모들이 볼 수 있고, 자기들이 아직 알 수 없는 것을 부모들이 알기 때문에, 부모들이 가장 많이 안다고 믿는다. 이게 핵심이다. 즉, 신뢰 관계는 부모의 성품 위에 형성된다. 부모가 선하고 지혜롭고 친절하면, 아이는 처음부터 마지막을 볼 수 없더라도 두려울 것이 하나도 없다.

전도자는 우리 인생의 때마다 영원하신 하나님을 신뢰할 놀라운 이유가 있다고 아주 명확히 주장한다. 하나님은 완벽하게 공정하시고, "하나님은 떠나간 것을 다시 찾으신다"(15절, 옮긴이). 이 이미지는, 우리를 벗어난 가축을 일부러 찾아 나선 농부가 가축을 발견하여 다시 데려오는 목축 일을 연상시킨다. 이 상황에서 시간이 과거로 몰아낸 것은 인간 역사의 모든 사건이고, 우리에게 인간의 역사는 영원히 사라진다. 하지만 하나님께는 그렇지 않다. 하나님은 시간을 뒤로 돌려, 과거를 자신의 현재로 데려와 결산하신다.

우리는 시간 여행에 끊임없이 매혹된다. 열광적 인기를 누리는 고전 「백 투 더 퓨처」든 감동적이고 인상적인 「인터스텔라」든, 영화에 시간 여행이 자주 등장하는 데는 이유가 있다. 과거의 자기 자신 앞에 있다는 것, 혹은 우리 조상이 살았던 세계에 들어가 그들이 보지 못했던 미래에 속하는 것에는 무언가 생각을 사로잡는 요소가 있다. 이것이 바로 현실에서 벗어나는 도피이기 때문에, 화려한 오락거리를 제공한다. 하지만 전도서는 지금 여기 이 세상에서 잘 사는 것은, 우리는 못 하나 하나님께는 가능한 시간 여행에 의해 결정된다는 한결 더 놀라운 주장을 내놓는다.

나는 지금보다 세 살 어렸던 내 아이들의 사진을 보고 있다. 그런데 아이들의 모습이 이랬다는 사실조차 나는 기억하지 못한다. 사진은 시간의 한 순간을 포착했고, 사진의 도움으로 나는 그날의 해변으로, 공원으로, 크리스마스트리 주변으로 이동한다. 하지만 그 순간은 사라졌고 나는 그때로 돌아갈 수 없다. 그런데 전도자의 말에 의하면, 하나님은 나와 달리 시간의 제한을 받지 않으신다. 나는 행복한 가족 스냅 사진에서 감상이나 향수를 느낄지 모르지만, 내가 정말 돌아가야 할 그 순간은 아니다.

픽 다행히도, 내게는 하나님이 언젠가 회수하고 찾아내실 과거의 다른 순간이 많이 있다. 나는 종종 내 유한한 이야기 속의 여러 다양한 날실을 따라가며 파악해 보려고 하지만, 날실들을 하나의 온전한 완성품으로 엮지는 못하는 것 같다. 나의 이야기에는 조각난 등장인물과 거슬리는 방해물, 뜻밖의 기쁨, 해결되지 않는 갈등과 어려움에 봉착한 관계가 있다. 나의 인생 이야기에는 설명되지 않는 모순이 있고, 대답을 찾지 못한 수많은 질문이 있고, 하나님의 자비와 은총 가운데 내 이야기의 장은 아직 완성되지 않았다. 하지만 나의 이야기는 그 이야기_the story_가 아니다. "그 이야기는 심판 때가 있을 것임을 보여주고, 신자들은 심판이 마지막에 승리할 거라고 믿는다."[4]

당신은 이 말의 아름다움을 보는가? 전도자가 16절에서 보는 것은 우리네 세상에서 커다란 고통을 야기하는 일 가운데 하나다.

> 또 내가 해 아래에서 보건대 재판하는 곳 거기에도 악이 있고 정의를 행하는 곳 거기에도 악이 있도다.

크레이그 바르톨로뮤의 주장에 의하면, **시간**과 **공간**은 창조된 삶의 두 가지 중요한 좌표이고, 법정이라는 공간에서 적절한 시간에 정의가 시행되지 못할 때 창조 세계의 질서 자체가 와해된다.[5]

우리 안에는 정의를 향한 갈망이 내장되어 있다. 자식을 죽인 살인자에게 정의가 시행되기를 바라는 부모의 기대가 좌절되면, 말로 형언할 수 없는 공포와 울화가 그들의 마음을 잠식하고 깨진 가정을 덮친다. 다른 사람의 권리와 존엄성을 짓밟고 그들의 자존감을 손상시킨 행위가 처벌을 모면하면, 수십 년을 애끓다 참담한 결과를 가져다주는 분노가 우리 안에 생겨난다. 세상은 이런 모습이 아니어야 한다. 과연 정의가 시행되는 때가 있을까?

그 대답은 예스다. 하나님은 모든 불의 하나하나, 모든 시간 하나하나, 그리고 모든 행동 하나하나를 회수하실 것이다. 하나님의 거룩한 법을 깨뜨렸고, 하나님의 아름다운 세계를 퇴색시켰고, 하나님

이런 때, 저런 순간

의 형상을 파괴했던 모든 행동 하나하나를 말이다. 이런 모든 순간에 대해 하나님이 응답하실 것이다. 현재든 과거든, 내가 한 일들로 인한 나의 실책 때문에 흘린 모든 눈물과 모든 탄식하는 슬픔. 완전한 정의와 진리, 자비, 사랑이신 하나님은 이 모든 것을 찾아내실 것이다.

도전

이 사실은 또한 다른 방식으로 나의 삶에 영향을 미쳐야 한다. 하나님이 시간 밖에서 모든 것을 바라보시고 마지막에 의인과 악인을 모두 심판하실 것임을 알 때, 나는 내게 일어나는 모든 일을 통제해야 한다는 의무감에서 벗어난다. 전도서의 메시지는, 삶에는 좋은 때와 나쁜 때가 가득하니 당신은 그저 유연하게 대처해야 한다는 게 아니다. 오히려 전도서의 메시지는, 삶에 가득한 좋은 때와 나쁜 때를 우리가 통제할 수는 없지만, 이런 식으로 정리한 삶의 패턴은 하나님이 주관하시는 더 큰 패턴의 일부라는 데 있다. 단순히 좋은 때 뒤에 나쁜 때가 오고, 다시 좋은 때가 오고, 그게 끝이 아니다. 내가 이 주기적 패턴 속에서 살고 있고 나의 고통의 때에 대한 모든 대답을 아직 갖고 있지 않음을 받아들일 수 있다는 것이 요점이다. 아직. 이게 열쇠다. 나의 모든 때가 법정에 설 날이 있을 것이다. 그렇다면, 기다리는 동안 나는 어떻게 살아야 하는가?

잭 에스윈의 말에 의하면, "시간은, 하나님의 손안에서, 자애롭게 우리를 연단한다."[6] 유비무환. 우리는 볼 줄 아는 안목을 갖고, 지금 우리가 있는 이곳에 언제까지나 있지 않을 것임을 깨달아야 한다. 춤을 출 때, 우리는 대부분 언젠가 자신이 애도할 사람과 추억을 만들고 있다고는 생각지 않는다. 눈물을 흘릴 때, 우리는 몇 주 안에 다시 웃을 수 있다고는 거의 생각지 않는다. 아마 우리는 평화만 알 뿐 전쟁은 결코 생각지 않을 것이다. 접촉하기보다 피하는 게 더 지혜로운 날을 상상하기 힘들다. 혹은 어리석게 침묵보다 말을 선택한 탓에, 우리 앞에서 나눈 대화를 전부 지워 버리고 싶은 날이 있을 거라고는 상상하기 힘들다. 십중팔구 우리는 오직 그 순간만을 위해 산다. 그때가 있을 것임을 의식하며 살기 시작한다면, 우리의 **지금**에 어떤 차이가 생겨날까?

전도서는 정말 만사에 때가 있음을, 지금, 오늘, 배우라고 말한다. 내가 거치는 시절이나 계절이 항상 내 인생의 계절이 아닐 것임을 지금 깨닫는다면, 적어도 하나님이 써가실 내 삶의 장을 준비하는 데 도움이 될 수 있다. 그때가 될 때 훨씬 수월하게 포기하거나 내던질 거라는 의미가 아니라, 충격 없이 받아들이는 데 도움이 될 거라는 의미다. 에스원의 말처럼, "우리의 많은 좌절감은 계절의 변화 혹은 그 변화가 가져오는 고통과 기쁨에 우리가 무지한 데서 기인하고, 우리는 자신의 기대를 조정하기 위해 몸부림친다."[7] 변한다는 사실을 변하기 전에 적극 수용하면, 가을이나 겨울이 닥칠 때 조금이라도 더 수월하게 우리의 발걸음을 조정하는 데 도움이 될 수 있다.

이렇게 살아가는 것은 또한, 우리가 하나님이 주신 때를 살면서 만족을 하나님의 선물로 받아들이기보다는 만족을 추구하며 대부분의 시간을 보낸다는 사실을 깨닫는 데 도움이 된다. 당신은 시간에 묶인 피조물이고 하나님은 영원한 창조주이심을 알 때, 만족이 온다. 피조물로서 나의 실존적 한계를 받아들이고 하나님의 선하고 지혜로운 손에서 오는 내 인생의 계절을 받아들일 때, 내 마음에 만족이 깃든다. 이런 것을 받아들이는 것이 하나님의 선물이다. 우리 자신의 기지에만 맡겨질 때, 우리는 어떤 것도 받아들이지 않기 때문이다. 나는 종종 내가 피조물이라는 사실을 받아들이지 못하면서, 깊은 골짜기를 절대 걷지 않은 채 정상을 맛보기만 기대한다. 내가 지금 슬픔과 절망의 계절에 있는가? 나는 종종 이것이 하나님 아버지의 보살핌으로부터 왔다는 사실을 받아들이지 못한다. 우리는 하나님이 나의 모든 순간순간을 하나님의 영원한 현재로 가져가서 잘못을 바로잡으실 거라는 사실을 쉽게 불신한다.

'밀레니엄 팔콘'을 건설하기 시작했을 때, 우리 아들은 작은 우주를 소유한 작은 신이었다. 아들에게는 계획이 있었고, 자신이 무슨 일을 하는지 알았다. 모든 것이 어떤 순서로, 어느 시점에, 어디에 있어야 할지 알고 있었다. 아들은 완성품이 어떤 모습일지 알았다. 그런데 이 장을 시작하면서 내가 말하지 않은 내용이 있다. 곧 건설이 진행되는 과정에서 상당한 눈물을 보았다는 점이다. 내 조바심이 낳은 간섭과 훈수로 인한 불만이 있었다. 무슨 이유에선지 몇 조각이 없었다. 완성된 제품은 훌륭해 보이지만, 아는 사람들이 보기엔 완벽하지 않다.

하나님의 세상에서 잘 살아간다는 것의 의미는, 우리 자신의 인생에서 우리가 작은 신이 아님을 깨닫는 것이다. 우리의 삶은 하나님의 창조물이지 우리의 창조물이 아니다. 우리에게 주어진 인생의 모든 조각이 우리에게 있고, 만사는 왔다가 가고 계절은 바뀐다. 그리고 모든 것이 어떤 순서로, 어느 시점에 어디에 있어야 하고, 또 그이유가 무엇인지 정확히 아는 분은 하나님밖에 없다.

토론과 개인 묵상을 위한 질문

1. 통제하려고 애쓰고 있는 일이 있는가? 통제를 포기할 때 어떤 기분일 것 같은가?

2. 자신의 때에 대해 어떻게 더 지혜로운 관점을 가질 수 있었는가?

3. '작아지는 것'은 어떤 모습이겠는가?(81쪽을 보라.)

4. '변한다는 사실을 미리 받아들이도록' 우리가 서로 도울 수 있는 방법에는 어떤 것이 있겠는가?(85쪽을 보라.)

5. '심판받을 때가 있다'(79쪽)는 이 진리는 당신이 갖고 있는 염려에 어떤 차이를 가져다줄 수 있겠는가?

이런 때, 저런 순간

4
낮아지는 삶

전도서 4:1-16

신자들은 결코 팔짱이나 낀 채 한가하게
"세상사가 항상 그렇지 뭘. 냉정해"라고 말할 수 없다.
이것은 진정한 기독교 신앙과 아주 거리가 멀다.

4

낮아지는 삶

사람이 죽음에 이를 때,
그의 은사나 영향력, 천재성과 무관하게
사랑받지 못한 채 죽는다면,
그의 인생은 자신에게 실패일 수밖에 없고
그의 죽음은 냉혹한 공포일 수밖에 없다.

존 스타인벡, 『에덴의 동쪽』*East of Eden*

¹ 내가 다시 해 아래에서 행하는 모든 학대를 살펴보았도다. 보라. 학대받는 자들의 눈물이로다. 그들에게 위로자가 없도다. 그들을 학대하는 자들의 손에는 권세가 있으나 그들에게는 위로자가 없도다. ² 그러므로 나는 아직 살아 있는 산 자들보다 죽은 지 오랜 죽은 자들을 더 복되다 하였으며 ³ 이 둘보다도 아직 출생하지 아니하여 해 아래에서 행하는 악한 일을 보지 못한 자가 더 복되다 하였노라.

⁴ 내가 또 본즉 사람이 모든 수고와 모든 재주로 말미암아 이웃에게 시기를 받으니 이것도 헛되어 바람을 잡는 것이로다.

⁵ 우매자는 팔짱을 끼고 있으면서 자기의 몸만 축내는도다.

6 두 손에 가득하고 수고하며 바람을 잡는 것보다 한 손에만 가득하고 평온함이 더 나으니라.

7 내가 또다시 해 아래에서 헛된 것을 보았도다. 8 어떤 사람은 아들도 없고 형제도 없이 홀로 있으나 그의 모든 수고에는 끝이 없도다. 또 비록 그의 눈은 부요를 족하게 여기지 아니하면서 이르기를 "내가 누구를 위하여는 이같이 수고하고 나를 위하여는 행복을 누리지 못하게 하는가?" 하여도 이것도 헛되어 불행한 노고로다.

9 두 사람이 한 사람보다 나음은 그들이 수고함으로 좋은 상을 얻을 것임이라. 10 혹시 그들이 넘어지면 하나가 그 동무를 붙들어 일으키려니와 홀로 있어 넘어지고 붙들어 일으킬 자가 없는 자에게는 화가 있으리라. 11 또 두 사람이 함께 누우면 따뜻하거니와 한 사람이면 어찌 따뜻하랴? 12 한 사람이면 패하겠거니와 두 사람이면 맞설 수 있나니 세 겹 줄은 쉽게 끊어지지 아니하느니라.

13 가난하여도 지혜로운 젊은이가 늙고 둔하여 경고를 더 받을 줄 모르는 왕보다 나으니 14 그는 자기의 나라에서 가난하게 태어났을지라도 감옥에서 나와 왕이 되었음이니라. 15 내가 본즉 해 아래에서 다니는 인생들이 왕의 다음 자리에 있다가 왕을 대신하여 일어난 젊은이와 함께 있고 16 그의 치리를 받는 모든 백성들이 무수하였을지라도 후에 오는 자들은 그를 기뻐하지 아니하리니 이것도 헛되어 바람을 잡는 것이로다.

전도서 4:1-16

내 삶은 어디로 향하고 있는가?

이것은 현대 지성을 지배하는 질문이자 우리가 줄곧 대답하려고 노력하는 질문이다. 우리 가운데는 이 질문에 대해 드러내놓고 숙고하면서 시간을 엄청나게 사용하는 사람들이 있다. 특별히 힘겨운 질문은 결코 아니라고 말할 사람도 있을 것이다. 하지만 우리는 모두 이 질문을 던지며 살고, 이미 각자 저마다의 방식으로 이 질문에 답하면서 오늘 많은 시간을 보냈다. 아무튼 우리의 사적인 사고 세계를 대형 화면 위에 재생하는 디지털 기록 장치가 뇌 속에 있다면, 우리의 생각이 이 작은 한 음절 단어, 나에 대해 얼마나 깊이 몰두해 있는지 깨닫고 놀랄 것임에 틀림없다.

"내 삶은 어디로 향하고 있는가?"라는 중대한 문제는 우리의 생각 속을 세밀하게 통제하는 경향이 있다. 보통은 단순하게 "요즘 나는 어떻지?"라고 표현한다. 우리는 자신이 행복한지 우울한지, 압박감 속에서 스트레스를 받아 피곤한지 아니면 걱정 없이 편안한지 의식하며 하루를 보낸다. 혹은 이런 질문이 전혀 없을 수도 있다. 우리는 그냥 분주해서 손안의 업무에 집중한다. 사무실에서, 집에서, 다른 사람과의 관계에서, 우리는 항상 자신의 눈을 통해 세상을 대하면서, 상황이 우리에게 미치는 영향과 느낌에 반응한다. 이 모든 하루살이 인생 한복판에서, 가끔 우리는 더 중요한 문제에 몰두한다. 나는 왜 이렇게 열심히 일하는가? 그럴 만한 가치가 있는가? 나는 무엇을 위해 사는가? 무엇을 성취하고 있는가? 혹은 무엇을 성취하지 못하고 있는가? 그런데 나의 논점은 단순하다. 사소하게든 중요

낮아지는 삶

하게든, 내가 항상 첨예하게 의식하는 그 사람은 바로 나다.

옛 격언에 따르면, 내가 생각하는 내 모습이 진짜 내가 아니라, 내 생각을 사로잡는 그것이 진짜 나다. 자, 잠시 멈추어 생각해 보자. 당신은 누구에 대해 생각하면서 대부분의 시간을 보내는가?

전도서 저자는 당연히 '당신'이라고 여긴다. 사람들은 자신의 생각과 계획을 자기 자신으로 채우고, 세상을 향해하면서 의미와 행복을 얻을 수 있는 방법을 끊임없이 고안해 낸다.

그런데 이게 바로 고통의 근원이라고 전도자는 말한다.

이 장에서 나는 전도서가 우리에게 새로운 질문을 던진다는 점을 보여주고 싶다. 전도자는 완전히 새로운 삶의 방식을 제시한다. 그가 갈망하는 것은, 이것이 우리의 혈관 속에 스며들어 우리의 마음의 방향과 세상을 보는 방식에서 우리가 근본적인 변화를 경험하는 것이다. 전도자는 자기 자신에게서 자유로워지는 질문을 제시한다. 우리는 요즘 어떻지? 내가 아니라, 우리. 이것이 이 장의 핵심이다. 내가 아니라, 우리.

당신 곁에 있는 사람이나 사람들, 곧 당신의 친구, 당신의 배우자, 당신의 자녀, 당신의 형제, 당신의 자매, 하나님이 당신의 길에 두신 사람들이 당신이 깨어 있는 시간의 관심사가 되고 당신의 우선적인 초점이 되도록 이 세상에서 살 수 있다면, 당신은 행복을 찾을 것이다. 당신이 어떻게 다른 사람을 돕고 봉사할지, 또 당신이 그들에게 어떠한 사람이 될 수 있을지 깊이 골몰하며 밤에 잠자리에 든다면, 당신은 그 어떤 것과도 비교할 수 없는 기쁨과 만족을 발견할 것이다.

이 장을 시작하면서 나는, 당신이 전도자가 하지 않는 말에 주목하기 바란다. 당신은 전도자가 이렇게 말하리라 기대할지 모른다. 타인을 위해 살면, 더 영적인 사람이 될 것이다. 혹은 더 경건해질 것이다. 성장하는 그리스도인이 될 것이다. 당연히 당신은 이 모든 것을 성취하겠지만, 전도자가 자신의 책 이 부분에서 묘사하는 삶의 측면은 이게 아니다. 타인을 위해 살면, 당신은 더 행복해질 것이다. 전도자가 사용하는 단어는 "평온함"quietness이다(6절). 이것은 그냥 휴식, 즉 마음의 평화와 영혼의 안정을 뜻한다. 이 단어는 세상에서 자기 자리를 알고, 자신의 삶의 경계선에 만족하고, 기쁜 마음으로 수고의 결실을 누릴 줄 아는 이들의 깊은 행복감을 포착한다. 그러한 안식의 자리에 이르는 길은, 내가 아니라 우리를 위해 사는 것이다.

전도자는 해 아래에서 사는 지혜롭고 성실한 삶에 대해 지금까지 발전시켜 온 자신의 그림에 더 풍부한 색채와 세부 묘사를 덧붙인다. 지금까지 전도자는 세계와 시간 둘 다가 우리에게 당연히 부과하는 제한과 조화를 이루며 살기보다는, 창조 자체를 앞서가려는 인간의 선천적 욕망을 강조했다. 이제 4장에서 그는 우리 이웃이 우리에게 부여하는 책임을 기쁘게 안고 살기보다는, 이웃을 앞서가려는 선천적 욕망을 강조한다.

이로써 이 그림은 이런 식으로 보이기 시작한다. 즉, 세계도, 당신 자신의 삶도 완전히 당신의 통제 안에 있지 않다. 만약 죽는 날이 다가온다는 사실을 받아들이기 거부하면서 삶 전체를 허비한다면, 그렇게 함으로써 게임을 이겨 갈 수 있고 돈을 벌어 더 나은 삶을 누릴 수 있고, 혹은 적절한 학위를 받거나 적절한 책을 읽음으로써 세상을 이해할 수 있다고 생각하며 하루 24시간, 7일을 살고 일한다면, 혹은 당신이 하는 일을 통해 정말 세상에 영원한 흔적을 남길 수 있다고 생각한다면, 당신은 자신의 한계를 넘어서려고 애쓰며 인생을 허비하고 있는 것이다. 우리는 창조주가 아니라 피조물이고, 전도자는 우리가 하나님처럼 될 수 있다는 환상을 부수려고 애쓰고 있다. 우리는 항상 전부 다 갖고, 전부 다 알고, 모두 다 나를 기억해 주기를 바란다. 하지만 전도자는 삶은 유익gain이 아니라 선물gift이라고 말한다.

당신이 거주하는 우주와 오늘 누리는 삶은 자격 없는 당신에게 하나님이 손수 주신 것이다. 당신의 삶은 잠시 빌려 온 것이고, 어느 날 하나님이 마감 시간을 알리며 회수해 가실 것이다. 도서관 사서가 당신의 책꽂이에서 연체된 책을 회수하듯이 말이다. 그러므로 삶을 당신이 바라는 이상적 모습이 아니라 있는 그대로 받아들이라. 하나님 앞에서 경외심을 갖고 순종하며 살라. 이것이 기쁨에 이르는 길이다. 물론 걷는 동안 신비와 고통이 뒤따르겠지만 말이다. 좋은 음식을 먹으라. 원한다면 고급 포도주를 즐기라. 당신의 길에 무언가 좋은 것이 나타나거든, 반드시 즐기라.

4장은 이 그림에 새로운 레이어를 덧입힌다. 즐기면서, 나누라. 당신이 가진 것을 다른 사람들과 나누라. 더없이 단순하다.

사실 이것은 정말 하나님을 아는 것이 어떤 의미인지와 직결되어 있다. 예수님은 이것이 가장 중요한 계명이라고 말씀하셨다.

"이스라엘아, 들으라. 주 곧 우리 하나님은 유일한 주시라. 네 마음을 다하고 목숨을 다하고 뜻을 다하고 힘을 다하여 주 너의 하나님을 사랑하라" 하신 것이요 둘째는 이것이니 "네 이웃을 네 자신과 같이 사랑하라" 하신 것이라. 이보다 더 큰 계명이 없느니라(막 12:29-31).

우리는 성경 전체를 관통하는 렌즈를 통해 전도서 4장을 보려고 한다. 전도자는 우리가 누리는 것을 나누어야 한다고 말한다. 세상에는 두 가지 삶의 방식이 있기 때문이다. 이웃을 미워하고 이로써 자신을 파괴할 수도 있고(4:1-6), 이웃을 사랑하고 이로써 자신을 사랑할 수도 있다(4:7-16).

1. 이웃을 미워하여 자신을 파괴하는 것

모든 시대 모든 곳을 막론하고 세상은 자기 사랑과 타인 증오로 가득 차 넘친다. 이 대목에 이르기까지 전도자는 '악'wickedness, 일반적 용어로 설명된 악행evil에 대해 말했다. 그런데 이제 그는 렌즈의 초점을 맞추어 한 가지 특정 악에 집중한다. "내가 다시 해 아래에서 행하는 모든 학대를 살펴보았도다"(4:1).

전도자는 지구촌 모든 구역에서 벌어지는 잔인무도한 폭력에 맞닥뜨려 있다. 그는 희생자의 눈물을 볼 수 있었지만, 그들의 눈물을 닦아 줄 사람은 아무도 없었다. 그는 약자를 탄압하는 독재자의 쇠막대를 보았지만, 무고한 자를 보호하고 약한 자를 옹호해 줄 사람은 아무도 없었다. 이 모습을 계속 지켜보다 견디지 못한 전도자는 이미 죽은 망자에게 축하를 보낼 지경에 이른다. 그들은 전도자가 보는 불행에서 면제되었기 때문이다. 그리고 애당초 태어나지 않는

편이 살아 있다 죽는 것보다 훨씬 낫다. 가장 행복한 상태는 처음부터 존재하지도 않는다.

이 말이 너무 암담하게 들리는가? 하나님을 믿는 사람이 어떻게 이런 말을 내놓을 수 있을까? 물론 어떤 저자들은, 이것은 전도자 자신의 관점이 아니라 그가 단지 하나님 없는 삶을 서술하고 있다고 주장하려 한다. 하지만 이것은 너무 단순한 주장이다. 신자로서 우리는 세상을 실제 그대로 정직하게 받아들여야 하고, 전도자는 세상을 실제 그대로 바라보고 있다.

따라서 이 단락에서 전도자는 단지 당신이 '베이비 P'에 대한 뉴스 보도를 견디기 힘들어 채널을 홱 돌리지 않고 계속 지켜볼 때의 느낌을 서술하고 있다. (양친이 재판을 받는 동안 '베이비 P'라고 불렸던) 피터 코넬리는, 8개월간 50가지가 넘는 상해를 입고 고통스러워하다 사망한 런던에 살던 17개월 남자 아이다. 그 기간에 아이는 건강관리 전문가의 검사를 여러 차례 받았지만, 그들은 아이가 겪고 있던 피해를 보지 못하고 말았다. 아이를 구해 줄 힘을 지녔던 사람들에 의해, 이 아이는 형언할 수 없는 학대와 정신적 외상을 입힌 가정에 남겨졌다.

응급구조사로 일하는 내 친구는 집에서 넘어진 한 남성을 돕는 임무를 맡았다. 그 친구와 동료는, 악취로 가득한 지저분한 거실에 아들에게 버려져 두 주 동안 그대로 누워 있던 60세 남성을 발견했다. 그들이 이 남성을 이동시키려고 하자, 그의 피부가 옷과 몸에서 떨어져 나갔다. 그가 소변에 너무 오래 누워 있었던 탓에, 화상용 붕대로 그를 둘러야만 했다. 버밍엄에 살던 크리스티나 로지나라는 갓

난아이는, 엄마가 벌로 뜨거운 샤워기 아래 둔 뒤 패혈성 쇼크로 사망했다. 크리스티나는 상처를 입은 채 두 주를 살다가 결국 죽었다. 양친이 아이의 상처 치료를 위한 의학적 도움을 거부했기 때문이다.

이런 잔혹 행위를 곱씹어 보는 건 견딜 수 없는 일이다. 무방비 상태의 아이들이 겪는 죽음은 이 세상에서 가장 잔혹한 악 중에 하나다. 차마 지켜볼 수 없을 만큼 너무 가슴 아픈 장면이고, 견딜 수 없을 만큼 참담한 상실이다. 가장 작은 관_棺이 가장 무거운 법이다.

신자로서 우리는 그리스도의 복음과 고통의 세계를 연결시킬 때 결코 진부하거나 순진하지 않아야 한다. 마가복음 7:31-37에 나오는 귀 먹고 거의 말 못 하는 한 남자를 예수님이 치유하실 때, 그분은 그 남자의 상처와 고통에 깊이 공감하셨다. "탄식하시며 그에게 이르시되 에바다 하시니 이는 열리라는 뜻이라"(막 7:34). 다른 데서 바리새인의 냉담한 불신에 맞닥뜨리셨을 때, 예수님은 이와 비슷하게 탄식하신다(막 8:12). "탄식"을 뜻하는 헬라어 단어 '아나스테나조'_anastenazo_는 사도 바울이 로마서 8:22에서 사용한 것과 동일한 단어다. 로마서 8장에서 창조 세계는 하나님이 두신 저주의 트라우마 아래 "탄식"한다. 주 예수님이 오셔서 왜곡된 모습을 지닌 자신의 선한 세계를 대면하셨을 때, 그것이 외적으로 상해를 입은 몸이든 내적으로 굳은살이 박인 마음이든 간에 그분은 저주에 탄식하신다. 사도 바울이 예수님을 우리의 지혜라고 부를 수 있었던 이유가 그 때문이다(고전 1:24). 깨어진 창조 세계에 대한 그분의 반응은 전도서 저자의 반응과 동일하다.

예수 그리스도께서 자신의 전 생애와 죽음, 부활을 통해 세상을

낮아지는 삶

재창조하기 시작하셨다는 건 영광스러운 진실이다. 그분은 극적인 방식으로 이렇게 하신다. 마가복음 7:37에서, 귀먹고 말 못 하는 남자를 치유하신 그리스도에 대해 사람들은 "그가 모든 것을 잘하였도다"라고 응답한다. 이 말은 하나님께서 자신이 만든 모든 것을 보고 "심히 좋았더라"라고 말씀하신 창조 이야기와 공명한다. 그리스도께서 행하신 각각의 모든 기적에서 새 창조가 성취되었다. 매번 회복된 팔다리와 다시 활력을 얻은 몸과 함께, 지상의 하나님 나라, 마땅히 있어야 할 생명이 침투해 들어왔다.[1] 하지만 여기서 우리가 기억해야 할 사실이 있다. 곧 지금 그 생명은 부분적이다. 완전하지 못하다, 아직은.

전도서는, 우리가 세상을 실제 그대로 오랫동안 면밀히 주시한다면 우리가 어떻게 느낄지 알고 있다. 우리는 단지 이런 일에 익숙하지 못할 뿐이다. 우리는 주의를 분산시켜 대응한다. 배고픔과 가난과 궁핍의 이미지가 감당할 수 없을 만큼 계속 이어지지 않게 하려고, 코믹릴리프를 찾는다.[2] 끔찍한 이미지 뒤에 가벼운 오락거리가 나오지 않으면, 우리는 정말 대처할 수 없는 걸까? 우리는 고통받는 사람을 돕지만 그런 장면을 너무 오래 보지 않으려고 웃음에 돈을 지불한다. 그런데 시선을 돌릴 다른 곳이 실제로 존재하지 않았다면, 우리는 애당초 악이 무엇인지 전혀 모르는 게 축복이라고 스스로 생각할 것이다. 아직 태어나지 않은 사람을 세상에서 가장 운 좋은 사람에 넣어 셈할 것이다.

해답이 전혀 없는 경우도 있다. 눈물을 펑펑 쏟으며 당신을 찾아온 사람에게 당신이 늘 도움을 줄 수는 없다. 당신이 모든 것을 고칠

수는 없다. 그리고 성경의 렌즈를 통해 타락하고 깨어진 세상을 바라보면서 우리가 깨닫는 사실은, 자기가 왕이 될 수만 있다면 이웃은 불행해질 수 있는 곳이 세상이라는 점이다. 세상은 대개 우리 위에 있는 이웃을 끈질기게 뒤쫓으면서 우리 밑에 있는 이웃의 머리를 기꺼이 짓밟는 곳이다. 우리가 가질 수 있는 것이란 경제적 이익gain이 전부라고 생각하면서 이익을 추구할 때, 다른 사람들은 상처를 입을 것이다. 이게 현실이다.

신자들은 결코 팔짱이나 낀 채 한가하게 "세상사가 항상 그렇지 뭘. 냉정해"라고 말할 수 없다. 이것은 진정한 기독교 신앙과 아주 거리가 멀다. 그런데 불의와 학대를 다루는 기독교의 방식에는 무언가 독특한 점이 있다. 모든 구제 기관은 강자가 약자에게 가할 수 있는 피해에 대해 유창하게 설명할 것이다. 하지만 성경은 **학대하는** 자가 학대 행위 속에서 자신에게 가하는 피해에도 동일한 관심을 둔다.

4절은 놀라운 관찰을 담고 있다. "또 살펴보니, 모든 수고와 성취는 이웃에 대한 시기심에서 발생하였다"(쉬운성경). 시기심은 오랫동안 일곱 가지 대죄大罪 가운데 하나로 여겨졌고, 거기에는 꽤 타당한 이유가 있다. 시기심은 아주 교묘하다. 옛 격언을 떠올려 보라. 친구라면 누구나 당신의 슬픔과 실패를 공유할 수 있지만, 당신의 기쁨과 성공을 공유하려면 진짜 친구가 필요하다. 정확히 맞는 말이다. 한 친구가 성공하고 성과를 거두면, 우리는 미소를 지으며 그의 등을 다독이지만 마음 깊은 곳에서는 친구를 시샘한다. 친구가 나 자신을 비참하게 느끼도록 만들었기 때문이다. 친구가 보기 좋게 실패하면, 우리에게 죄성이 발동하여 친구가 망가지는 모습을 지켜보게 되고, 심지어 그를 안아 줄 때조차 그의 실패 덕분에 나 자신에 대해 훨씬 더 좋게 느낀다.

우리 마음 깊은 곳에서 우리는 주목받고 싶고 관심 대상이 되고 싶어 하는데, 이런 욕망은 우리가 하는 모든 것에 추진력을 가할 수 있고 우리가 그 일을 하는 이유가 된다. 예수님은 내가 당신을 사랑해야 한다고 말씀하신다. 하지만 나는 종종 '어떻게 하면 당신이 소유한 것을 가질 수 있을까?'를 생각한다. 만일 (내가 오로지 당신에게서 무언가를 얻기 위해 사랑하는 까닭에) 당신을 향한 사랑 저변에 시기심이 있다면, 나는 당신을 학대하는 데 가담하고 있는 것이다. 그뿐만 아니라 나는 내 심장을 파먹고, 또한 당신을 파괴하면서 나까지 파괴할 수 있는 암에 걸린 것이다. 나의 이기심을 관대함으로 포장함으로써 우리 둘 다를 속였기 때문이다.

레베카 코닌다이크 드영Rebecca Konyndyk DeYoung이 기술하는 빅토르 위고Victor Hugo의 시에서, 시기심과 자비심은 무엇이든 원하는 것을 얻을 수 있는 기회를 얻는다. 단, 상대방이 두 배를 받는다는 조건하에. 시기심은 "나는 한쪽 눈이 멀기를 바란다"라고 말한다. 코닌다이크 드영은 이렇게 설명한다. "다른 사람의 훌륭한 은사가 자신의 것보다 우월할 때, 시기심을 품은 사람은 상대방의 은사에 분개한다. 단순히 상대가 더 훌륭하기 때문이 아니다. 비교로 인해, 그의 우월함이 자신의 부족함, 자신의 열등함을 더 가슴 아프게 만들기 때문이다."[3] 그래서 다른 사람을 끌어내리고 그들이 가진 것을 빼앗을 때, 우리는 자기 자신에 대해 더 좋게 느낄 수 있다.

전도자는 인간의 마음 깊은 곳을 탐구하고 있다. 이 모든 분투와 수고, 노력과 노력, 또 노력. 이 모든 것의 동기는 바로 나다. 그런데 다른 사람들은 어떤가? 그들에게는 무엇이 필요한가? 나는 어떻게 빼앗는 자가 아니라 주는 자, 나 자신의 주인이 아니라 다른 사람의 종이 될 수 있는가? 우리가 잠시 멈추어 우리 이웃을 섬기고 사랑하는 것에 대해 생각할 때, 두 가지 극단을 막을 수 있다. 곧 안일한 게으름(5절)과 병적인 분주함(6절)이다.

게으름은 이웃을 미워하는 한 방법이다. 당신에게는 그들에게 줄 것이 전혀 없다. "어리석은 사람은 두 손을 놓고 놀다가 자기 살을 뜯어 먹는다"(4:5, 옮긴이). 전도자는 도를 넘어선 도착倒錯 상태의 부식 효과를 예시하기 위해 일부러 극단적인 진술을 제시한다. 게으름뱅이는 삶을 받아들이고 자신을 타인에게 주는 대신 자기 자신에게만 몰두하고, 그 결과 그에게는 자기 자신만 남는다. 그런데 그것도 오래가지 않을 것이다. 찬장에 먹을 것이 전혀 없어 살려면 자기 자신을 먹어야 한다. 지금까지 당신은 게으름뱅이가 실제로 자기 몸을 먹는 것을 한 번도 보지 못했겠지만, 게으름뱅이에게 있는 절제력과 보살핌 능력은 물론 자존감마저 잠식되는 것은 보았을 것이다. 그들은 스스로 파멸한다. 일중독자들의 임종 자리에서는 더 많은 시간을 사무실에서 보내지 않았어야 한다는 경고가 종종 내려진다. 한편 전도서는 우리에게, 어떤 사람은 임종 자리에서 적어도 얼마의 시간을 더 사무실에서 보냈어야 한다고 경고한다.

반대 극단의 광적인 분주함도 결코 낫지 않다. 당신은 그런 부류의 사람을 알고 있다. 광적으로 한 가지 일에서 다음 일로 내달리고, 그러는 동안 자기가 항상 내일을 위해 일한다는 명분으로 삶에 대한 불만족을 가리려고 애쓴다. 우리는 대개 내일의 삶이 오늘의 삶보다 더 나아질 거라고 생각한다. 내일 우리는 새로운 일을 성취할 것이기 때문이다. 내일 성경을 읽는 데 더 많은 시간을 할애할 것이고, 마침내 집을 정리할 것이다. 내일 꿈에 그리던 이사, 승진, 학위 취득, 결혼, 마감을 이룰 것이다. 전도자의 논점은, 이런 식의 삶이 한쪽 발로 더 빨리 뛰기 위해 나머지 발을 총으로 쏘는 것과 같다는 것이다. 왜 잠시 멈추어 진지하게 오늘을 누리지 않는가? 내일의 승진은 더 많은 압박을 가할 것이다. 더 높은 학위는 당신이 얼마나 많이 모르는지만 가르쳐 줄 것이다. 결혼은 또 다른 죄인의 삶과 당신을 연결해 줄 것이다. 마감일은 지나가겠지만, 또 다른 마감일이 당신을 향해 질주해 올 뿐이다.

병적인 분주함은 기독교 사역의 고질병이다. 한계를 모르는 훌륭하고 경건한 복음 과업을 달성해야 한다고 생각한다. 늘 해야 할 일이 더 있고, 그 일을 완수하지 못하면 영원한 죄책감을 안고 살게 된다. 하지만 그중 일부 역시 바람을 잡는 것이다. 하나님이 우리에게 결코 맡기지 않은 그런 일을 사역에서 이루기 위해 노력하기 때문이다.

마이클 호턴Michael Horton은 목회자들이 사역의 유산을 남기기 위해 여기 있는 게 아님을 상기시킨다. 우리에게는 어떤 유산도 없다. 그리스도께서 죽음을 통해 시행하시고 이제 말씀과 성령을 통해 하늘로부터 나누어 주시는 유산, 즉 언약을 갖고 있다. 목회자들이 깨달아야 할 것은, 자기들은 "왔다가 가지만, 유산은 계속 확산되고 있다"는 사실이다.[4] 유진 피터슨Eugene Peterson은 자신의 회고록 『유진 피터슨』*The Pastor*에서 자신의 사역이 "메시아 바이러스"에 감염되었음을 깨달았다고 기술한다. 그는 사람들의 구주가 되어 그들의 모든 필요 하나하나를 주시해야 한다는 병든 사상의 숙주가 되었을 뿐, 하나님이 사람들의 삶에서 하고 계시는 일에 주목하도록 돕지 못했다고 고백한다. 바로 그것이 목회자로서 그의 유일한 부르심인데 말이다.[5] 메시아식 사역은 항상 분주하고 어수선하다. 유산을 남기는 사역은 언제나 다음번 큰일을 위해 무리하게끔 한다. 아직 우리 곁에 있지 않은 사람이 우리 곁에 있는 사람보다 더 많이 사랑받을 것이다. 내일 사역자의 삶은 오늘 사역자의 삶보다 더 나을 것이다. 하지만 이것은 다른 사람이 아니라 나를 위한 사역이다.

나는 지금의 내 삶에서 벗어나기를 바라곤 한다. 우리 집 어린아이들 때문이다. 물론 나는 아이들을 무척 사랑하지만, 가끔 이런 생각도 든다. '아이들이 조금 더 크면 분명 수월해질 거야. 그때는 짜증도 안 내고 기저귀 발진 같은 것도 없고, 합리적인 대화가 관심사일 거야.' 얼마 전 내가 두 아이와 함께 걷고 있을 때 우리를 본 사람이라면 누구나, 상황이 순조롭지 않게 전개되어 아빠가 위험에 처해 있음을 알아차렸을 것이다. 우리가 지나가는데 우리를 지켜보던 한 이웃이 내게 말했다. "지금이 당신 인생에서 최고의 날이네요!" 정말이지 이것은 그때 내가 듣고 싶었던 말이 결코 아니었다!

나는 나중에 이웃의 지혜로운 조언이, 바로 전도자가 그날의 참담한 산책에 동행했다면 지적해 주었을 논점임을 깨달았다. 바람 잡기를 멈추라! 미래가 더 낫고 더 수월할 거라는 생각을 멈추라. 상황이 달라지기만 하면 당신은 더 나은 사람이 될 거라는, 또 언젠가 당

낮아지는 삶

신이 더 좋은 아버지가 될 거라는 생각을 멈추라. 당신은 미래에 대해 혹은 모퉁이 주변에 있는 게 좋은 것인지 나쁜 것인지 알지 못한다. 아마 지금이 사실 내 인생에서 최고의 날일 것이다. 나는 내일 죽을지도 모른다.

당신이 소유하리라고 생각하지만 전혀 통제할 수 없는 삶을 갈망하는 대신, 지금 당신이 소유한 삶을 살라.

지금 여기서 게으른 것과 미래를 위해 사력을 다하는 것 사이에 중간 길이 있음을 깨달을 때, 우리는 평정심을 찾는다. 부와 성공보다 안식과 평화가 훨씬 더 중요하다는 사실을 깨닫는다. 우리는 손을 내려다보며 한 손에만 차 있는 것을 보지만, 이게 충분하고도 남는 양임을 알고 있다. 청교도 설교자 제레미아 버로우스Jeremiah Burroughs의 주장에 의하면, 우리는 덧셈보다 뺄셈을 통해 만족하는 법을 배운다. 사람들은 보통 만족을 얻기 위해 자신이 갈망하는 것을 무엇이든 가져야 한다고 생각한다. 우리의 재산이 우리의 욕망 수준만큼 상승해야 한다. "하지만 그리스도인들에게는 또 다른 만족의 길이 있다. 그리스도인은 재산에 맞추어 욕망을 낮출 수 있다."[6] 체스터턴G. K. Chesterton도 정확하게 똑같은 말을 했던 것으로 알려져 있다. "넉넉하게 소유하는 두 가지 길이 있다. 하나는 더욱더 많이 축적하는 것이고, 다른 하나는 덜 욕망하는 것이다."

2. 내 이웃을 사랑하여 나 자신을 사랑하는 것

내가 아니라 우리를 위한 삶은 더 행복하고 더 건강한 나를 의미한다. 4:7-8에서 전도자는 계속해서 나를 위한 삶이 어떤 모습인지 또 하나의 생생한 예시를 통해 각인시킨다.

전도자는 회사 최고 경영자에게 우리를 소개한다. 그는 줄곧 정상을 차지했지만, 거기서 혼자 살고 있다. 완전히 혼자다. 그에게는 아이도 없고, 가족도 없고, 친구도 없고, 유일한 동료는 그의 일과 재산이다. 그런데 그것만으로는 충분하지 않아 보인다. 지금 그의 업무 시간은 전과 다름없이 길다. 그는 메일과 회의, 보고서에 몰두한다. 보너스를 받으면, 다음번 보너스를 생각한다. 가족들이 방해할 테니 아내와 가정을 둘 여유가 없다. 사교 생활은 일의 효율을 떨어뜨릴 것이고, 그에게 필요한 유일한 정보 유입은 컴퓨터 화면과 여러 수치에서 온다. "그는 레스토랑에서 모든 사람을 위해 음식을 살 수 있지만, 그의 곁에 앉으려는 사람은 아무도 없다. 그래도 괜찮다. 그 역시 다른 사람들 곁에 앉고 싶지 않으니까."[7] 이게 그의 현주소다. 부유하지만 건강하지 않고, 외롭고 쓸쓸하며, 즐거움만 빼고 전부 다 소유하고 있다. 더는 구미가 당기는 것도 없다. 새뮤얼 존슨 Samuel Johnson의 말처럼, "집에 불행하게 있는 것이 모든 야망의 최종 결과다."

부자를 공격 대상으로 삼기는 쉽다. 하지만 성경은 부를 비난하지 않는다. 온갖 종류의 악의 뿌리는 돈이 아니라 돈에 대한 사랑이다(딤전 6:10). 전도서는 정확히 똑같은 일을 그림 형식으로 그려 낸다. 즉, 부 자체를 목적으로 삼아 양손 모두 수고하는 게 악의 뿌리다. 이 뿌리는 덩굴처럼 자라 심장을 조이고, 해악은 즉각 여러 다양한 방향으로 촉수를 뻗는다.

매트 챈들러 Matt Chandler 목사가 전도서 설교에서 사용한 한 예화를 쉽게 풀어 보겠다. 챈들러는, 눈물을 흘리며 사무실로 들어와 자기 아빠가 낡아빠진 구형 포드 자동차로 학교에 데려다 주곤 했던 게 너무 창피해 아빠를 절대 용서할 수 없고 아빠를 미워한다고 말하는 소녀는 한 번도 만나 보지 못했다. 아빠가 조랑말을 사주지 않거나 학교 스키 여행에 보내 주지 않았다고 해서 아빠가 밉다고 말하는 소녀도 만나 보지 못했다. 하지만 1억짜리 차를 몰고 해마다 학교 스키 여행을 갈 돈을 지불할 수 있는 아빠를 둔 수많은 젊은 여성을 만났는데, 그들은 아버지의 사랑을 깨닫지 못해 자신들의 가치에 대해 완전히 왜곡된 개념을 지녔다.[8]

상품의 가격은 죄다 알면서도 그 가치는 전혀 모를 수 있다. 돈을 사랑하는 것이 악의 뿌리라면, 전도서―그리고 사실 성경 전체―는 놀랍도록 단순한 해결책을 갖고 있다. 뿌리를 잘라 내고, 부패를 막고, 악을 제거하는 방법이 여기 있다. 당신의 돈을 다른 사람에게 사용하라. 돈을 기부하라. 정기적으로, 기쁘게, 관대하게 하라. 그러면 당신은 행복해질 것이다. 부유한 사람들이 자기 이웃을 사랑하여 자기 자신만큼 이웃을 위해 일할 때, 그리고 힘겹게 번 돈으로 이웃을 사랑할 때, 그들은 결국 자기 자신을 사랑하는 아름다운 부산물을 얻는다. 그들은 실제로 자기 자신에게 최상의 보살핌을 제공한다. 그들은 더 이상 혼자가 아니기 때문이다.

전도자가 보기에 인생의 가치는 당신이 벌어들이는 수입이 아니라 관계 맺은 사람들에게 있다. 인생의 가치는 당신이 구입하는 것이 아니라 당신이 주는 것에 있다. 이 점은 4:9-12에서 명확히 제시된다. 두 사람이 한 사람보다 낫고 세 사람이 두 사람보다 나은 이유가 단순하게 제시된다. 당신이 돈을 벌고 싶다면, 다른 사람과 함께 그 일을 하면 훨씬 많이 벌 것이다. 적어도 그것을 함께 나눌 사람은 있다. 이것은 시 형식으로 제시된 지혜 격언으로, 공동체와 상호 의존 가운데 사는 삶이 모든 사람에게 두루 더 낫다는 일반 원리다. 아마 세 사람보다 네 사람이 낫고, 이런 식으로 이어질 것이다. 내가 아닌 우리가 언제나 나 혼자보다 훨씬 좋을 것이다. 하나님은 우리가 이렇게 번성하도록 계획하셨다.

따라서 "우리는 지금 어떤가?"라는 질문을 당신은 어떻게 받아들이는가? 당신의 삶이 어디로 향하고 있는지 생각할 때, 전도서는 당신이 걸을 중간 길을 제시한다. 이웃을 미워하지 말라. 그들을 돕기 위해 너무 게으르지도 말고, 그들을 학대하지 않기 위해 너무 강해지지도 말라. 자신의 현재에 지나치게 몰두한 나머지 이웃의 미래를 보지 못하면 안 된다. 자신을 미워하지 말라. 게으름과 광분, 시기심, 돈 사랑은 모두 제각각 당신을 안으로부터 좀먹을 것이다. 이웃을 사랑하고 이로써 자신을 제대로 사랑하는 중간 길을 택하라. 바보처럼 포기하지 말고, 미치광이처럼 빠져들지 말라.

당신은 지금 어느 쪽 길 위에 있는가?

게으름을 드러내기 위해, 누가 당신을 먹여 살리고 있고 당신이 일하지 않게 하려고 누가 일하고 있는지 자문해 보라. 그것을 그 사람들에게 돌려주는 건 어떨까? 당신이 회사에서 행복하게 호사를 누리는 내성적인 사람이라면, 혼자 있기 싫어하는 어떤 사람에게 당신의 오후나 토요일 하루를 내주라. 여러 번 그렇게 하라.

끊임없는 분투를 드러내기 위해, 이 모든 게 정말 누구를 위한 것

낮아지는 삶

인지 자문해 보라. 바쁜 게 잘못은 아니다. 결코 아니다. 또 우리 중 많은 사람이 다른 사람을 위해 분주하게 일한다. 다만 전도자는 우리가 하는 모든 일 가운데서 우리가 자기만을 위해 살고 있지 않은지 묻고 싶어 한다. 관계를 발전시키기 위해 어떤 업무와 일을 옆으로 제쳐 놓을 수 있을까? 가령 내가 가끔가다 "우리는 지금 어떤가?"라고 질문하는 남편이요 아빠였다면, 우리 가정에 어떤 영향을 주었을지 궁금하다. 당신은 주일 아침 교회에서 주위를 둘러보며 이렇게 질문해 본 적이 있는가?

타락한 세상에서 개인의 출세를 위한 노력은, 세상을 이런 식으로 보지 못하도록 사람을 아주 신속히 감염시킬 수 있다. 눈높이를 낮추고 중간 길에서 살아가는 삶의 모습 말이다. 그리고 이것이 행복에 이르는 길이다. 당신은 원하는 만큼 소유하지 못했지만, 부족한 자격 이상으로 소유하고 있음을 알고 있다.

한 손으로 쥐고, 다른 한 손으로 나누어 주라.

토론과 개인 묵상을 위한 질문

1. 우리가 대부분의 시간을 자기 자신에 대해 생각하면서 보낸다는 말은 사실일까?

2. 우리가 고통스러운 세상 속에 잠겨 있는 사람들을 도우려고 노력할 때, 우리를 '진부하거나 순진하지' 않도록 하는 데 전도서는 어떤 도움을 주는가?(98-99쪽을 보라.)

3. 최악의 순간에 당신은 무엇 때문에 다른 사람을 시기하게 되는가?

4. 지난 한 주 동안 일하는 데 보낸 시간과 다른 사람과 느긋하게 교제하는 데 보낸 시간을 계산해 보라. 각각에 더 많은 시간 혹은 더 적은 시간을 보낼 수는 없었을까?

5. 당신이 더 많이 생각해야 할 '우리'는 누구인가? 이 장의 내용이 이들과의 관계에 가져다줄 실제적인 변화가 무엇일지 나열해 보라.

6. 게을러지거나 지나치게 분주해지지 않도록 하는 데 도움이 되는 실제적인 방안에는 어떤 것이 있을까? 당신이 중간 길을 택한다면 어떤 모습이겠는가?

낮아지는 삶

5
올려다보고, 경청하기

전도서 5:1-7

하나님의 말씀은 다른 모든 것보다 존중하고 사랑하고
중시해야 할 가장 귀중한 선물이다.
전도서는 우리의 눈을 하나님의 세계에 사용함과 동시에
우리의 귀를 하나님의 말씀에 사용해야 할 필요성을 일깨우는 하나의 긴 묵상이다.

5

올려다보고,
경청하기

입을 열어 온갖 의혹을 없애 주느니
침묵을 지켜 바보라고 여겨지는 편이 더 낫다.
「심슨네 가족들」에 나오는 리사의 말

¹ 너는 하나님의 집에 들어갈 때에 네 발을 삼갈지어다. 가까이하여 말씀을 듣는 것이 우매한 자들이 제물 드리는 것보다 나으니 그들은 악을 행하면서도 깨닫지 못함이니라. ² 너는 하나님 앞에서 함부로 입을 열지 말며 급한 마음으로 말을 내지 말라. 하나님은 하늘에 계시고 너는 땅에 있음이니라. 그런즉 마땅히 말을 적게 할 것이라. ³ 걱정이 많으면 꿈이 생기고 말이 많으면 우매한 자의 소리가 나타나느니라. ⁴ 네가 하나님께 서원하였거든 갚기를 더디게 하지 말라. 하나님은 우매한 자들을 기뻐하지 아니하시나니 서원한 것을 갚으라. ⁵ 서원하고 갚지 아니하는 것보다 서원하지 아니하는 것이 더 나으니 ⁶ 네 입

으로 네 육체가 범죄하게 하지 말라. 천사 앞에서 내가 서원한 것이 실수라고 말하지 말라. 어찌 하나님께서 네 목소리로 말미암아 진노 하사 네 손으로 한 것을 멸하시게 하랴? 7 꿈이 많으면 헛된 일들이 많아지고 말이 많아도 그러하니 오직 너는 하나님을 경외할지니라.

전도서 5:1-7

"온전하신 하나님은 온전한 예배자를 찾으신다"

성경에 의하면, 하나님은 자신의 세상에서 이것, 곧 온전한 예배 undivided worship를 찾으신다. 이스라엘 백성이 약속의 땅 언저리에 장막 을 쳤을 때, 모세는 백성들을 향해 한 설교를 전했다. 모세의 말은 그 들의 여행 지침, 곧 그들이 받을 땅에서 어떻게 살아야 하는지 알려 주는 하나님의 요구 사항이었다.

이스라엘아, 들으라. 우리 하나님 여호와는 오직 유일한 여호와이시 니 너는 마음을 다하고 뜻을 다하고 힘을 다하여 네 하나님 여호와를 사랑하라. 오늘 내가 네게 명하는 이 말씀을 너는 마음에 새기고 네 자녀에게 부지런히 가르치며 집에 앉았을 때에든지 길을 갈 때에든 지 누워 있을 때에든지 일어날 때에든지 이 말씀을 강론할 것이며 너 는 또 그것을 네 손목에 매어 기호를 삼으며 네 미간에 붙여 표로 삼 고 또 네 집 문설주와 바깥문에 기록할지니라(신 6:4-9).

세상에는 한 분이신 온전하신 하나님one undivided God이 계시다—
"우리 하나님 여호와는 오직 유일한 여호와이시니." 하나님이 그런
분이기 때문에, 반드시 온전한 인격undivided person이 그분께 다가가 예
배해야 한다—"마음을 다하고 뜻을 다하고 힘을 다하여." 다시 말
해, 당신의 모든 것으로 말이다. 단 하나도 빠짐없이. 하나님은 여러
방향으로 끌리지 않으신다. 따라서 하나님을 예배할 때 우리도 그러
지 않아야 한다. 하나님을 향한 진정한 믿음과 신뢰는 분할되지 않
는다. 하나님이 찾으시는 사람은, 교회 지붕을 고치고 단기 선교를
가 봉사하면서 자신의 힘을 드리지만 가장 큰 사랑과 가장 깊은 열
망은 다른 곳을 향하는 그런 사람이 아니다.

우리가 정직하다면, 모세가 경고하고 있는 분열 경험이 무엇인
지 우리는 알 것이다. 가끔 겉으로는 모든 게 원대해 보인다. 우리는
언제나 있어야 할 곳에 제시간에 있고, 언제나 바르게 조율되어 자
기 몫을 담당할 준비가 되어 있다. 하지만 마음과 영혼을 다한 하나
님 사랑이 우리의 존재 중심에 없음을 우리는 알고 있다. 우리는 갈
증을 느끼고, 그분은 멀리 있는 듯하며, 그분과의 진짜 관계는 손이
닿지 않는 곳에 있는 것 같다.

그렇다면 우리는 무엇을 할 수 있는가? 전도서 5장에서 심오하
고 지혜로운 조언 한마디가 우리에게 주어진다. **경청하라**listen. 이
점에서 전도자는 신명기의 모세 및 신약의 주 예수님 자신과 연결
된다. 온전한 예배자의 완벽한 전체성을 향한 방향 설정은 여기서
시작된다고 말한다는 점에서 말이다. 신명기 6:4의 첫 단어는 "들
으라"다. 경청하라, 이스라엘아! 내가 너희에게 하려는 말에 주파

수를 맞추라. 8절과 9절에 하나님의 말씀을 손목에 묶고 이마에 붙이고 집 문설주에 적는 인상적인 이미지가 나오는 이유가 그 때문이다. 6절을 이루기 위해, 하나님의 말씀을 우리 마음에 새기기 위해 이렇게 하라. 네가 **경청**하는 데 도움이 되는 일이라면 무엇이든 해서, 하나님의 말씀이 네 귀를 통해 들어가 네 의식 과정 안에 자리 잡고 한 인격으로서 너의 확고한 일부가 되게 하라고 모세는 말한다. 그분의 계명이 네가 세상을 바라보는 방식에 스며들게 하라.

귀는 그리스도인의 일차적인 감각 기관이다. 하나님의 말씀을 경청하는 것이 우리의 주요한 영적 훈련이다. 경청하라고 얘기해 주는 사람이 우리에게 필요하다. 우리는 듣기보다는 더 많이 보고 말하기를 원하기 때문이다. 하나님과 관련된 일에서는 우리의 감각 기관을 사용하는 것만큼 잘못된 길로 접어든다. 우리가 보는 것과 만지는 것이 실재를 인식하는 방식을 결정한다. 우리는 본질상 활동적인 피조물이다. 우리의 행동이 곧 우리다. 하지만 전도서에 의하면, 우리가 받아들이는 것이 우리 자신이 될 때 우리는 훨씬 인간다워진다. 삶은 선물이고, 하나님의 말씀은 다른 모든 것보다 존중하고 사랑하고 중시해야 할 가장 귀중한 선물이다. 전도서는 우리의 눈을 하나님의 세계에 사용함과 동시에 우리의 귀를 하나님의 말씀에 사용해야 할 필요성을 일깨우는 하나의 긴 묵상이다.

당신이 세상에서 그저 인간의 활동만 바라본다면, 당신은 무엇을 볼까? 전도서 4장을 기억하라. 곧 당신은 학대와 수고, 누구도 위로해 줄 사람 하나 없는 억눌린 자의 눈물을 본다. 인간의 지혜와 학문 세계를 바라볼 때, 당신은 무엇을 보는가? 연속 강좌 뒤 연속 강좌, 세미나 뒤 세미나, 모두가 이런저런 문제에 열을 내는 작은 동아리에 둘러앉는데, 그 대부분은 이웃에 대한 시기심에 의해 이끌린다. 곧 당신이 옆 사람만큼 똑똑하고 그들이 읽지 않은 책을 읽었음을 보여주려는 욕구다. 그 대부분은 한낱 지루한 장광설일 뿐이다. 세상은 우리의 통제를 벗어나고, 최고 지성의 설명을 벗어난다. 두뇌가 어떻게 작동하는지, 왜 우리 인간은 가끔 가장 예측 불가능한 방식으로 행동하는지 정말 정확히 설명할 수 있는 사람은 아무도 없다. 마침내 세계 빈곤이나 온갖 형태의 불의에 대한 해결책에 도달한 사람은 한 명도 없을 것이다. 전도자의 말에 의하면, 세상을 바라보는 것과 세상에 대해 말하는 것은 당신을 여기까지만 데려다줄 것이다. 그렇다면 우리는 모두 불운한가? 우리는 가게 문을 닫고 집으로 가야 할까?

전도서 5장에서 전도자는, 아니다, 모두 잃은 건 아니라고 말한다. 만일 당신이 인생과 우주, 모든 것에 대해 절망하고 있다면, 당신의 귀를 사용하라. 전도자는 모세가 신명기에서 했던 설교를 재차 전하고 있다. "들으라, 이스라엘아!" 그는 사람이 창조의 책(세상)을 읽을 수는 없겠지만, 율법책(성경)을 읽을 수는 있다고 설파한다. 세상은 타락했고, 우리가 완전히 만족할 만큼 세상을 해석하기란 불가능하다. 당신이 항상 세상을 읽을 수는 없다. 하지만 당신은 성경을 읽을 수 있다. 그리고 당신이 성경을 읽을 때, 하나님은 말씀하신다. 그러므로 경청하라.

전도서는 언제나 우리를 위해 동일한 세계관을 구축하고 있다. 일관된 그림이 그려지고 있는데, 이번에 붓놀림은 하나님의 말씀의

올려다보고, 경청하기

중요성을 지금까지 우리가 보았던 것보다 훨씬 상세히 묘사한다.

1. 하나님 말씀 경청하기(1-3절)

"너는 하나님의 집에 들어갈 때에 네 발을 삼갈지어다. 가까이 하여 말씀을 듣는 것이 우매한 자들이 제물 드리는 것보다 나으니 그들은 악을 행하면서도 깨닫지 못함이니라"(5:1). 전도서가 복잡다단한 세상 속 활동을 담은 스냅 사진, 슬픔과 고통과 부와 성공 장면을 담은 사진첩과 같다면, 여기 5장에서 카메라 렌즈는 종교적 예배자에게 집중된다. 여기에도 보아야 할 것이 이전만큼 많고, 당신이 이런 것에 관심이 있다면 정말 극적인 이미지가 펼쳐진다.

예배는 무척 인상적일 수 있다. 영국에는 「찬양의 노래」Songs of Praise라는 텔레비전 프로그램이 있다. 우렁차고 훌륭한 음성으로 노래하는 예배자로 가득한 교회를 마음속에 그려 보라. 카메라는 정확히 필요한 각도에서 웅장한 대성당을 담는다. 엄청난 건물, 양초, 스테인드글라스 창문, 아름다운 예술품. 「찬양의 노래」에는 상냥하게 미소 지으며 사랑스러운 말로 교회와 사람들과 아름다운 배경 등을 소개하는 친절한 진행자가 항상 같이 나온다. 찬송이 끝나고 밖에 서 있거나 안락의자에 앉아 있는 사람들에게 화면이 돌아가면, 그들은 이렇게 말한다. "아, 정말 감동적인 가사예요. 정말 우아한 공연이었습니다."

하지만 전도서 저자는 정말 다른 부류의 진행자다. 그 역시 우리에게 놀라운 예배를 소개하지만, 그는 친절하지 않고 사랑스러운 말도 사용하지 않을 것이다. 그는 우리를 교회 안으로 데려가 그 모든 장관과 영광 속에 드리는 예배를 우리에게 보여준 뒤 카메라가 다시 전도자를 잡을 때, 우리를 똑바로 바라보며 이렇게 말한다. "이게 전부라면, 얼마나 부질없는 짓인가! 이 무슨 시간 낭비인가! 차라리 집에서 정원 창고나 정리했더라면 하나님이 관심이라도 가졌을 텐데!"

성경은 위선을 다양한 방식으로 다룬다. 예언자들은 욕설을 퍼부으며 외친다. "감히 이런 식으로 행동하다니!" 고상한 노래를 좋아하고 쾌활하게 나타나 선뜻 예배하지만 반쯤 열린 귀로만 듣는 선의의 사람에게 전도서는 외과의사의 메스를 조용히 들이댄다. 그들이 이런 식으로 듣는 이유는, 자신들이 전부 알고 있고, 또 자신들의 생각과 자신들이 해야 할 말이 하나님의 말씀보다 훨씬 흥미롭고 중요하다고 생각하기 때문이다. 이런 식의 예배는 한낱 말의 낙서일 뿐이다. 이것을 비추는 모든 텔레비전 카메라는 정말 사랑스러운 장면이라는 생각을 당신에게 심어 줄 것이다. 하지만 지켜보는 하나님은 이렇게 하는 사람들을 우매한 자_{fools}라고 부르신다. 그분은 가식을 꿰뚫어 보신다.

1절에서 이런 우매한 자는 "악을 행하면서도 깨닫지 못한다"라고 말할 때, 이것은 하나님을 속이는 데 너무 익숙해져 종교가 중요한 사안이라고 더 이상 기대하지 않는 그런 사람들을 가리킨다. 꼼수가 일상이다. 이것이 사는 방식이고, 하늘에서 한 번도 천둥이 떨어지지 않았기에 틀림없이 이런 식으로 계속 미적거려도 된다고 생각한다.

구약에서 성전과 관련된 모든 것은, 예배자들로 하여금 이런 생각이 작동하지 않을 것임을 깨닫는 데 도움이 되도록 설계되었다. 성전은 하나님의 백성에게 존엄하신 하나님이 계심을 가르치기 위해 만들어진 존엄한 건물이었다. 당신이 이해하거나 파악할 수 있는 그 이상으로, 하나님이 당신보다 훨씬 크심을 가르치기 위해, 성전은 당신을 크기 면에서 왜소해 보이게 했다. 성전은 눈을 들어 바라볼 때 당신이 얼마나 왜소한지 깨닫게 하기 위해 만들어졌다. 하지만 눈을 들어 바라보는 것을 잊고 그냥 주위만 본다면, 당신은 그저 제물을 가져올 뿐 당신 마음에 대해 잊는 습성에 젖어든다. 당신은 이내 하나님이 모든 것을 보신다는 사실을 잊는다.

전도자의 메스는 여기서 아주 깊숙이 파고든다. 잠시 멈추고 이렇게 물어보자. 이 5장 내용이 4장 바로 뒤에 놓인 이유가 무엇일까? 우리가 4장에서 보았던 모든 내용 뒤에, 이제 우리에게 경청하라고 말하는 이유가 무엇일까? 우리는 주제가 전혀 바뀌지 않았다는 사실을 깨달아야 한다. 두 장 모두 예배에 관한 것이기 때문이다. 4장의 주제는 부와 자기 발전의 예배, 그리고 내가 이런 목표를 추구할 때 그것이 나와 내 이웃에게 야기하는 문제점이다. 5장은 그냥 참된 예배를 제시한다. 곧 거짓 예배와 반대로 진정성을 드러내는 그런 예배 말이다. 예수님은 "한 사람이 두 주인을 섬기지 못할 것이니 혹 이를 미워하고 저를 사랑하거나 혹 이를 중히 여기고 저를 경히 여김이라. 너희가 하나님과 재물을 겸하여 섬기지 못하느니라"(마 6:24)라고 말씀하셨다.

한 분이신 하나님—진짜 하나님, 살아 계신 하나님—은 하나님을 사랑하고 이웃을 사랑하라고 명령하신다. 다른 신들—부, 성공, 성취, 진보—은 내가 원하는 것을 얻기 위해 이웃을 짓밟으라고 명령한다. 그리고 성경은, 처음부터 끝까지, 예언자들로부터 사도 바울까지, 이웃을 학대하고 오로지 자기만 섬기면서도 기도 모임에 나타나 만사형통이라고 말하는 사람들을 시종일관 비판한다. 전도자는 우리를 똑바로 바라본다. 조심하라! 주의하라! 당신은 하나님께 다가가는 것이 위험할 수도 있음을 알아야 한다. 만약 하나님이 당신의 마음속에서 일어나는 일에 대해, 또 당신이 자기 아내나 자기 동료나 자기 가족을 대하는 방식에 대해 정말 관심이 없으시다고 생각하면서 그분께 다가간다면 말이다.

하나님이 듣고 싶어 하신다고 생각되는 말을 너무 성급하게 그분께 꺼내지 말라. 이것이 2절의 의미다. 어떤 사람의 말처럼, 기도할 때 우리는 하늘의 이어폰으로 반대편 끝에서 듣고 계신 하나님과 영적인 마이크를 통해 얘기하는 것과 비슷하다고 생각하는 경향이 있다. 그런데 사실 우리가 기도할 때, 하나님은 영적인 청진기를 들고 우리의 말을 경청하신다. 의사가 "크게 숨을 쉬세요"라고 말하듯이, 하나님은 우리가 보지 못하는 것을 들으시고 이로써 우리의 진실을 파악하신다. 하나님은 하늘에 계신다. 주위를 둘러볼 때, 당신은 얼마나 작고 하나님은 얼마나 크신지 깨닫지 못하겠는가? 따라서 그분의 청진기가 항상 작동하고 있다고 생각하지 못하는가? 생각에 앞서 입을 떠벌리거나 말하지 말라. 그분을 올바로 경배하려면 우리에게 하나님의 말씀이 필요하고, 그분이 어떤 분이고 그분이 무엇과 같은지 보여주는 계시가 필요하다고 전도서는 가르친다.

그러므로 당신은 경청하고 있는가? 말하기보다 더 많이 경청하

올려다보고, 경청하기

고 있는가? 이 본문의 문맥에서, 우매한 자는 자기가 모든 대답을 갖고 있다고 생각하는 종교적 인물이다. 그들은 고심하는 친구 곁에 와서 무엇을 해야 할지 자신 있게 말하는 그런 사람이다. 상처 입은 그들의 친구는, 왜 하나님께서 참담한 일이 일어나게 하셨는지, 왜 하나님께서 이런 고뇌의 순간에 멀리 계시는 것 같은지 의문을 품고 있다. 우매한 자는 곁으로 와서 모든 대답을 갖고 있다고 주장하고, 마치 세상의 모든 수수께끼를 풀 수 있다는 듯 행동한다.

우리는 대개 우리의 마음을, 혹은 우리와 대화를 나누는 사람을 하나님의 말씀으로 향하게 하는 데 더디다. 나 역시 마찬가지다. 고심하는 친구에게 이런 자세로 다가가는 것은, 하나님은 하늘에 계시고 나는 땅에 있으며, 이 엉망의 상황을 내가 당신보다 더 많이 이해하고 있지 못하다는 엄숙한 사실을 겸손하게 인식하는 데서 출발한다. 하지만 혼란 속에서 우리는 하나님이 누구이시고, 그분이 무엇을 하셨고, 또 앞으로 무엇을 하실지 말해 주는 말씀을 읽을 수 있다. 우리가 스스로 어떤 상황에 처해 있다고 느끼든, 경청해야 할 그분의 말씀이 항상 있다.

우매한 자는 하나님의 말씀을 경청하는 대신 자신의 말을 쏟아낸다. 3절은 실례를 통해 핵심을 강조한다.

> 일이 많으면 꿈을 꾸게 되고 말이 많으면 어리석은 소리가 나온다(전 5:3, 옮긴이).

이것은 지혜로운 묘사다. 지금까지의 이 책 전체 논의와 잘 들어

맞기 때문이다. 꿈이 과로에서 기인한다고 말함으로써, 전도자는 이런 주장을 펼친다. "소득을 위해 무의미하게 수고하는 이들에게 꿈이 생기듯이, 우매한 자가 장광설을 늘어놓는 건 당연하다."[1] 이안 프로반은 이 점을 완벽하게 표현한다. "두 경우 모두 과잉 생산이 문제의 뿌리다. 하나님을 주목하는 마음은 수고로도, 말로도 증대되지 않는다."[2]

2. 하나님께 말하기(4-7절)

지혜의 길이 하나님께 더 귀 기울이고, 하나님 혹은 다른 사람들에게 그분에 대해 덜 거들먹대는 것이라면, 우리는 그분께 어떻게 말해야 할까?

4절에서 전도자는 이제 하나님께 드리는 우리의 말에 초점을 맞추는데, 얼핏 보기에 우리와 약간 무관해 보인다. 맹세는 우리가 자주 하는 행동은 아니겠지만, 하나님의 세상에서 지혜롭게 살아가는 아주 단순한 원리가 이 맹세에 들어 있다. 당신이 무언가를 하겠다고 하나님께 말했다면, 실행하라. 하나님은 어리석은 수다를 전혀 기뻐하지 않으신다. 맹세했다면, 그대로 실행하라. 맹세하고 이행하지 않는 것보다 애당초 약속하지 않는 편이 더 낫다. 당신의 입이 당신을 죄인으로 만들지 않게 하라(6절).

지금 전도자는 무슨 말을 하고 있는가? 사진첩 이 부분에서 우리가 종교적 예배자를 볼 때, 전도서가 우리에게 보여주는 인물은 세상을 바라보면서 세상이 자신의 통제권 밖에, 자신의 완벽한 이해력 밖에 있음을 깨닫는다. 그런 까닭에, 그는 자기가 무슨 행동을 하

125   올려다보고, 경청하기

고, 무슨 말을 하고, 무슨 생각을 하고, 마음속으로 무엇을 느끼느냐는 정말 중요하지 않다고 결심한다. 그는 하나님에 대해 원하는 대로 아무 말이나 할 수 있고 내키는 대로 쓸데없는 말을 지껄일 수 있다. 심지어 하나님께 원하는 대로 무엇이든 말할 수 있다. 세상의 의미를 항상 깨닫지 못한다면, 그의 말은 전혀 의미가 없기 때문이다.

어떤 사람이 "주님, 저는 지금 정말 궁지에 몰려 있습니다. 주님께서 저를 여기서 벗어나게 해주시면, 평생 주님을 섬기겠습니다"라고 약속했다고 해보자. 그런데 그 뒤 위기가 지나가면 그는 당연히 하나님을 절대 다시 생각하지 않는다. 왜? 하나님은 아마 그곳에 정말 없었기 때문일 것이다. 그 사람은 궁지에 몰려 있었고, 무언가 할 말이 필요했다. 단지 말이.

그런데 여기 전도서에서, 이런 태도는 신자들에게 극도로 위험함을 보여준다. 하나님은 하늘에 계신다. 하나님은 의로운 자와 악한 자를 모두 심판하실 것이다. 하나님은 모든 것을 보고 듣고 아신다. 그리고 전도자는 우리에게 이렇게 말한다. 한 분이신 온전하신 하나님은 온전한 예배자를 원하신다. 여기에 대고 "예, 예"라고 말하고 저기에 대고 "아니, 아니"라고 말하지 않는 예배자. 자기 진심을 말하고, 자기 말이 진심인 그런 사람.

구약 율법에서는 4-6절과 같은 맹세는 한 번도 명령되지 않았지만 허용은 됐는데, 언제나 자기 말을 실천하라는 단서와 함께 나온다. 신약에서 예수님이 맹세에 관해 하셨던 말씀에서 우리가 깨닫는 바는, 맹세는 명령되지 않았지만 허용되었고, 필수 요소는 아니어야 한다는 것이다.

나는 너희에게 이르노니 도무지 맹세하지 말지니 하늘로도 하지 말라, 이는 하나님의 보좌임이요, 땅으로도 하지 말라, 이는 하나님의 발등상임이요, 예루살렘으로도 하지 말라, 이는 큰 임금의 성임이요, 네 머리로도 하지 말라, 이는 네가 한 터럭도 희고 검게 할 수 없음이라. 오직 너희 말은 옳다 옳다, 아니라 아니라 하라. 이에서 지나는 것은 악으로부터 나느니라(마 5:34-37).

서약과 맹세, 선서는 모두 우리가 진실하지 못하기 때문에 존재한다. 누군가에게 그때까지의 일을 들려줄 때, 우리는 당연히 실제 일어난 일을 손질하고 세부 사항을 가린다. 우리 모두 그것을 알기 때문에, 자신이 말하는 특정 내용에 맹세를 덧붙이는 경향이 있다.

"솔직하게 내가 진실을 말해 줄게. 그녀가 무슨 말을 했냐면…."

"거짓말 하나 안 보태고, 무슨 일이 있었냐면…."

만일 당신이 그냥 솔직담백하게 거짓말을 한다면, 그건 나쁜 일이다. 그런데 실제로 당신의 거짓말에 "맹세컨대 진실, 하나도 빠짐없는 진실이야. 진실 외에 다른 건 없어"라는 말을 덧붙인다면, 그건 더 나쁜 일이다. 당신은 진실의 맹세로 거짓을 포장했기 때문이다.

우리가 이것을 깊이 생각하고 하나님이 하늘에서 우리 마음속을 들여다보신다는 사실을 깨달았음에도 우리 말이 현실로 전혀 이어지지 않는다면, 우리의 모든 대화와 모든 말은 하나님께 어떻게 비치겠는가? 이것이 전도자가 우리에게 말하는 바다. 만일 어떤 일을 하지 않는 게 나쁘다고 생각하면서 하나님께 하겠다고 약속한 뒤 그 일을 행하지 않는다면 얼마나 더 나쁜 일이겠는가?

올려다보고, 경청하기

따라서 이곳의 원리는 퍽 유용하다. 당신이 하나님께 얘기하거나 다른 사람에게 얘기할 때, 단순함이 당신의 진정성을 보호한다. 그냥 정직한 신자들은 어떤 종류의 맹세나 서약에 의지할 필요가 없다. 군더더기 없는 긍정이나 부정이 당신의 말의 진정성을 보호한다. 우리는 화려한 가식이 없는 사람, 다른 사람들과 타협해야 할 미끼나 벼랑 끝 전술이 없는 사람이 된다. 보이는 그대로가 사실이다. 하나님이 보고 계시니 나와 얘기하는 사람이 보지 못하는 사실에 빌붙어 살지 않겠다고 결심할 때, 우리는 이런 사람이 된다.

따라서 우리는 맹세 문제가 우리와 무관하지 않음을 알 수 있다. 이것은 그저 하나님의 실재를 매일의 삶에 적용하는 것이다. 당신은 내가 진실을 말하는지 알지 못하겠지만, 하나님은 아신다. 내가 하나님, 곧 하늘에 계셔서 내 마음을 펼친 책처럼 자기 앞에 펼치시는 하나님의 실재와 더불어 살 때, 나는 그분을 경외하며 서 있고(7절), 이것은 내 입에서 나가거나 나가지 않은 말로 구체화된다.

철저하게 사고하기

우리는 각자 다양한 방법으로 하나님께 귀를 기울이지 않는다. 우리 중 어떤 사람은 확신에 찬 유형이고, 신학에 대해 설명할 말이 많거나 질문할 말이 많다. 전도자는 묻는다. 자, 내보내는 것보다 받아들이는 게 더 많은가? 누가 당신을 해 아래에서 이런저런 주제에 대한 최고 권위자로 임명했는가? 일전에 보았더니, 하나님은 그것에 대해 우리 둘 다보다 더 많이 알고 계셨다고 전도자는 말한다.

우리 중에는 다른 유형의 사람도 있다. 하나님께 할 말이 너무 많기는커녕, 가끔 아무 할 말도 없는 것처럼 느낀다. 아마 하나님께 무엇을 말해야 할지 모르기 때문일 것이다. 어쩌면 우리는 전도서 저자에게 이렇게 말하고 싶을 것이다. "당신은 내 문제를 이해하지 못해요. 나도 필사적으로 듣고 싶고, 경청하고 싶지만, 하나님은 그냥 아무 말도 하지 않으시는 것 같아요." 이것은 큰 고민거리일 수 있다. 내가 침묵하는 건 아무 상관없다. 하지만 하나님이 침묵하시는 것 같을 때는 어떤가?

믿음의 길을 걸어 본 사람은 누구나 해 아래 삶이 종종 이와 같을 수 있고, 손쉬운 대답은 전혀 없다고 말해 줄 것이다. 하지만 전도자는 우리에게 이렇게 말한다. 곧 하나님의 실재는 그분의 임재에 대한 나의 인식이 아니라 그분의 말씀의 진실성에 의해 판가름된다. 해 아래에서 가끔 모든 게 뒤죽박죽 거꾸로 뒤집혀 있어서, 실제로 우리는 하나님이 우리 자신에 대해 의구심을 갖기를—우리가 왜 하나님을 의심하고 왜 그분을 찾지 못하는지 의구심을 갖고, 우리 자신의 마음의 기만에 대해 의구심을 갖기를—바라신다는 사실을 배워야 한다. 하지만 그럼에도, 하나님을 볼 수 없을 때에도, 우리는 그분의 말씀의 진리를 온몸으로 신뢰한다.

하나님의 백성에게는 항상 그랬다. 흥미롭게도 신명기 5장에서 백성들은 모세에게 이렇게 말한다. "당신은 가까이 나아가서 우리 하나님 여호와께서 하시는 말씀을 다 듣고 우리 하나님 여호와께서 당신에게 이르시는 것을 다 우리에게 전하소서. 우리가 듣고 행하

올려다보고, 경청하기

겠나이다"(27절). 그들은 하나님을 전혀 보지 못하고, 얼굴을 맞대고 (그들은 이렇게 하는 게 파멸을 의미할 것을 안다) 그분과 직접 만나지 못한다. 하지만 시각 대신 청각이 있다. 하나님은 말씀하신다. 그리고 그에 대한 단 한 가지 올바른 대답은 "우리가 듣고 순종하겠습니다"라고 하는 것이다.

당신과 나도 해 아래에서 정확히 동일한 자리에 선다. 하나님이 말씀하셨다. 그리고 우리는 어떻게 반응할지 선택할 수 있다.

토론과 개인 묵상을 위한 질문

1. 당신은 잘 경청하는 편인가, 쉽게 말하는 편인가?

2. 어떤 상황에서 우리는 하나님 앞에서 서둘러 말하고 급한 마음을 품는 위험에 처하는가?

3. 최근 다른 사람과의 약속을 깬 적이 있는가? 전도서에 비추어 볼 때, 그 약속을 이행했다면 결과가 어떠했겠는가?

4. '하나님은 하늘에 계신다', '하나님을 경외하라'와 같은 관점과 태도를 쉽게 잃어버리는 이유는 무엇인가?

5. '단순함이 진정성을 보장한다'(128쪽)는 원리를 삶에서 실천하려면 당신의 말에 어떤 변화를 주어야 할지 생각해 보라.

6
삶의 한계를 사랑하는 법

전도서 7:1-25

죽음은 전도자다. 죽음은 아주 단순한 메시지를 전하는 설교자다.
죽음에는 우리를 향한 초대가 있다. 죽음은 다가오는 죽음의 날이
미리 우리의 친구가 될 수 있다고 가르쳐 주고 싶어 한다.

6

삶의 한계를
사랑하는 법

진짜 성장하려면

자신이 알고 있는 것에서 멀어질 필요가 있다.

브라이언 브록, 『그리스도께 사로잡혀 세상에 열리다』*Captive to Christ, Open to the World*

1 좋은 이름이 좋은 기름보다 낫고

죽는 날이 출생하는 날보다 나으며

2 초상집에 가는 것이

잔칫집에 가는 것보다 나으니

모든 사람의 끝이 이와 같이 됨이라.

산 자는 이것을 그의 마음에 둘지어다.

3 슬픔이 웃음보다 나음은

얼굴에 근심하는 것이 마음에 유익하기 때문이니라.

4 지혜자의 마음은 초상집에 있으되

우매한 자의 마음은 혼인집에 있느니라.

5 지혜로운 사람의 책망을 듣는 것이

우매한 자들의 노래를 듣는 것보다 나으니라.

6 우매한 자들의 웃음소리는

솥 밑에서 가시나무가 타는 소리 같으니

이것도 헛되니라.

7 탐욕이 지혜자를 우매하게 하고

뇌물이 사람의 명철을 망하게 하느니라.

8 일의 끝이 시작보다 낫고

참는 마음이 교만한 마음보다 나으니

9 급한 마음으로 노를 발하지 말라.

노는 우매한 자들의 품에 머무름이니라.

10 "옛날이 오늘보다 나은 것이 어찜이냐?" 하지 말라.

이렇게 묻는 것은 지혜가 아니니라.

11 지혜는 유산같이 아름답고

햇빛을 보는 자에게 유익이 되도다.

12 지혜의 그늘 아래에 있음은 돈의 그늘 아래에 있음과 같으나,

지혜에 관한 지식이 더 유익함은

지혜가 그 지혜 있는 자를 살리기 때문이니라.

13 하나님께서 행하시는 일을 보라.

하나님께서 굽게 하신 것을 누가 능히 곧게 하겠느냐?

14 형통한 날에는 기뻐하고 곤고한 날에는 되돌아보아라. 이 두 가지

를 하나님이 병행하게 하사 사람이 그의 장래 일을 능히 헤아려 알지 못하게 하셨느니라.

15 내 허무한 날을 사는 동안 내가 그 모든 일을 살펴보았더니 자기의 의로움에도 불구하고 멸망하는 의인이 있고 자기의 악행에도 불구하고 장수하는 악인이 있으니 16 지나치게 의인이 되지도 말며 지나치게 지혜자도 되지 말라. 어찌하여 스스로 패망하게 하겠느냐? 17 지나치게 악인이 되지도 말며 지나치게 우매한 자도 되지 말라. 어찌하여 기한 전에 죽으려고 하느냐? 18 너는 이것도 잡으며 저것에서도 네 손을 놓지 아니하는 것이 좋으니 하나님을 경외하는 자는 이 모든 일에서 벗어날 것임이니라.

19 지혜가 지혜자를 성읍 가운데에 있는 열 명의 권력자들보다 더 능력이 있게 하느니라.

20 선을 행하고 전혀 죄를 범하지 아니하는 의인은 세상에 없기 때문이로다.

21 또한 사람들이 하는 모든 말에 네 마음을 두지 말라. 그리하면 네 종이 너를 저주하는 것을 듣지 아니하리라. 22 너도 가끔 사람을 저주하였다는 것을 네 마음도 알고 있느니라.

23 내가 이 모든 것을 지혜로 시험하며 스스로 이르기를 "내가 지혜자가 되리라" 하였으나 지혜가 나를 멀리하였도다. 24 이미 있는 것은 멀고 또 깊고 깊도다. 누가 능히 통달하랴?

25 내가 돌이켜 전심으로 지혜와 명철을 살피고 연구하여 악한 것이 얼마나 어리석은 것이요 어리석은 것이 얼마나 미친 것인 줄을 알고자 하였더니.

전도서 7:1-25

삶의 한계를 사랑하는 법

지혜 대 도피주의

일단 이 세상에서의 삶은 우리의 통제를 벗어나 있다는 전도서의 주요 메시지를 파악했으니, 그럼 우리는 어떻게 살아야 할까?

두 가지 선택지가 있다. 먼저, 우리가 모든 것을 설명할 수 없고, 우리가 사랑하는 사람들은 병들고 죽을 것이며 하나님이 왜 이런 일을 일어나게 하시는지 우리가 알지 못한다는 사실을 깨달아 세상에 불의와 학대가 존재한다는 사실을 받아들이거나, 우리 영혼 중심에 사라지지 않고 욱신대는 상처가 있다는 사실을 직면해야 할 때 현실에서 달아나 고통을 무마하려고 애쓰면서 문제를 회피하는 것이다. 할 수 있는 한 한껏 파티를 열고, 가능한 한 크게 또 자주 웃고, 필름이 끊길 만큼 술을 마시고, 현재가 아닌 과거 속에서 혹은 환상의 땅에서 사는 것이다. 바로 도피주의의 길이다.

다른 선택지, 여기 전도서 7장에서 제시하는 선택지는 지혜다. 이 모든 부조리 한복판에 있는 하나님의 세상에서 지혜롭게 사는 법을 배우는 것 말이다. 그런데 이 선택지에는 엄청난 반전이 있다. 당신이 할 수 있는 가장 지혜로운 일은, 지혜로워지더라도 당신이 알고 싶은 것을 전부 말해 주지 않음을 깨닫는 것이다.

이 장의 메시지는 이것이다. 도피주의자도 되지 말고, 신학적 속물도 되지 말라. 지혜롭게 사는 것이란 지혜 자체의 한계와 더불어 사는 법을 배우는 것이기 때문이다. 이것은 성경 지혜문학의 일관된 주제다. 욥도 그렇다고 이해했다.

그런즉 지혜는 어디서 오며

명철이 머무는 곳은 어디인고?

모든 생물의 눈에 숨겨졌고

공중의 새에게 가려졌으며

멸망과 사망도 이르기를

"우리가 귀로 그 소문은 들었다" 하느니라.

하나님이 그 길을 아시며

있는 곳을 아시나니(욥 28:20-23).

자, 당신은 지혜를 얻었다고 생각하는가? 자신의 삶을 정돈했고 확실히 해결했다고 생각하는가? 당신은 세상이 어떻게 작동하는지 이해했다고 생각하는가? 죽음과 파멸이 화요일 아침 난데없이 문을 두드린다면, 의사가 죽음이 가까이 왔다고 말하거나 충격적인 소식을 담은 전화벨이 울린다면, 그 순간 당신이 인생에 대해 갖고 있다고 생각했던 통제력은 순전히 자기기만에 불과했음을 깨달을 것이다. 자신의 인생을 통제하고도 남을 만큼 안다는 생각은 환상이지만, 밤에 베갯잇을 적시는 눈물은 현실이다. 세상사를 완전히 만족스럽게 처리하려고 할 때, 우리는 지혜가 반대편 세상에 살고 있는 것 같다고 느낀다. 우리는 지혜를 쫓아가지만, 충분한 양을 확보할 수 없다.

전도자는 7장에서 이렇게 말한다. 자, 당신은 이런 식으로 한계 속에 있는 인생을 사랑할 수 있다. 전도서 7장의 모든 간결한 말씀은 작은 보석같이 각각 그 자체로 강렬하지만, 무작위로 배열되었거나 서로 완전히 동떨어져 있지 않다. 여기서 이 말씀들은 모두 해 아래서 살아가는 대안적 삶의 방식을 제시한다. 우리가 삶의 모든 부분을 통제하는 게 불가능함을 깨닫는다면 말이다.

이 장에는 두 부분이 있다. 먼저, 우리는 인생을 지나면서 죽음이 우리에게 초대장을 내밀고 있다는 점을 깨달아야 한다. 둘째, 우리는 인생을 지나면서 지혜가 선하다는 점을 깨달아야 한다. 지혜는 합리적이고, 올바르고, 대개 아름답다. 하지만 하나님은 우리의 이해력을 제한하셨다.

1. 죽음의 초대(1-6절)

이 단락은 삶이 죽음에 의해 제한된다고 말한다. 당신 삶이 영원히 계속되지는 않을 것이다. 하지만 죽음은 단지 당신의 시간이 끝날 때 건너는 선이 아니다. 죽음은 전도자다. 죽음은 우리를 똑바로 바라보면서, 진득한 시선으로 자기를 다시 응시하여 그가 우리 안에서 어떤 역할을 하게 해달라고 요청한다. 죽음은 아주 단순한 메시지를 전하는 설교자다. 죽음에는 우리를 향한 초대가 있다. 죽음은 다가오는 죽음의 날이 미리 우리의 친구가 될 수 있다고 가르쳐 주고 싶어 한다. 죽음이 우리의 삶에 가져오는 한계 자체가 삶에 대해 가르쳐 준다. 그것을 죽음이 내미는 도움의 손길이라고 생각하라.

전도자가 어떤 방식으로 이렇게 주장하는지 보라. "좋은 이름이 좋은 기름보다 낫다"(1절). 우리는 이 말의 의미를 이해하고, 이것이 훌륭한 격언이라고 생각한다. 당신의 이름이 저녁 파티에서 거론될 때마다 사람들이 손톱으로 칠판을 긁는 것과 비슷한 감정을 느낀다면, 장미 화단 같은 향기를 풍겨도 소용없다. 당신은 겉으로는 훌륭해 보이지만 다른 사람을 움찔하게 만드는 그런 사람이 되지 말라. 당신의 명성, 당신의 성품, 당신을 유명하게 만든 일. 이런 것들이 한낱 피상적인 잡동사니보다 훨씬 중요하다. 여기까지는 좋다.

하지만 1절 하반절을 보라. 마찬가지로, "죽는 날이 출생하는 날보다 낫다"(1절). 분만실은 지상에서 가장 행복한 장소가 될 수 있다. 직접 경험하지 않았더라도, 우리는 아이가 가져다주는 기쁨을 상상할 수 있다. 모든 생명, 모든 희망, 미래의 모든 잠재적 서광. 그런데 어떻게 사망일이 출생일보다 좋을 수 있단 말인가?

우리는 **잠재적**potential이라는 단어에 실마리가 있다고 생각할 수 있겠다. 출생의 핵심은 잠재력이지만, 신자들이 보기에 죽음의 핵심은 성취다. 그리스도인 부모는 자녀들을 위한 소망과 꿈과 기도가 있을 텐데, 죽음의 순간, 오직 그 순간에만 누구나 그리스도께서 그들을 위해 쟁취하신 모든 것을 완전히 받는다. 죽음은 삶의 성취이고, 성취는 잠재력보다 훨씬 낫다. 이것이 1절의 풍부한 해석이고, 분명 나머지 성경 내용과 일치한다. 하지만 나는 저자가 무언가 다른 의미를 가리키고 있다고 생각한다.

내가 보기에, 전도자는 당신의 사망일이 출생일보다 더 훌륭한 교사라고 말하고 있다. 신생아가 태어날 때, 부모나 조부모 중 한 명과 신체적으로 비슷하다는 막연한 느낌 외에는 우리가 아이에 대해 할 수 있는 말은 사실상 아무것도 없다. 우리는 이렇게 말한다. "오, 아이가 엄마를 닮았군요." 가능한 얘기다. 하지만 그 정도다.

이제 테이프를 빨리 감아 그 아이의 사망일로 가보자. 86세. 그때 우리는 그에 대해 무슨 말을 할 수 있을까?

"그녀는 예수님 같았어요."

"그녀는 아주 친절하고 너그러웠어요. 인품에 깊이가 있었지요."

아니면,

"그녀는 정원을 좋아했어요."

"그녀는 뜨개질을 좋아했어요."

"그녀는 빙고 게임을 좋아했어요."

"그녀는 …을 좋아했어요."

정말 아주 흔치 않은 어떤 것을 골라 빈칸을 채워 보라.

"그녀는 정말 자기 자신 말고 어떤 것도, 아무도 사랑하지 않았어요."

"그녀는 자기 자신만을 위해 살았어요."

죽는 날이 태어나는 날보다 낫다. 생명보다 죽음이 낫기 때문이 아니라, 정말 아니라, 아기 침대보다 관이 더 나은 설교자이기 때문이다. 생이 끝날 때, 혹은 곧 끝나려고 할 때, 틀림없이 다른 모든 게 시야에 들어온다. 정말 중요하지 않았음에도 우리가 많은 시간을 들였던 그 일들은 이제 공허하고 의미가 없는 일처럼 보인다. 우리가 접촉한 사람들과 우리가 보여준 관용과 우리가 주고받은 사랑이 이제 훨씬 더 많은 의미를 갖는다. 전도자가 말하는 바가 바로 이것이다. 아기 침대보다 관이 더 나은 설교를 전한다. 그는 우리의 어깨를 붙잡으며 이렇게 말한다. "앞날을 내다보라. 어리석게 굴지 말라! 인생의 고뇌를 회피하려고 인생의 고뇌를 달래거나, 존재하지 않는 척 웃어넘기려는 시도를 중단하라. 당신이 죽을 날을 내다보며, 내가 어떤 사람인지 스스로 물어보라. 어느 날 나는 죽을 테니까."

> 초상집에 가는 것이
> 잔칫집에 가는 것보다 나으니
> 모든 사람의 끝이 이와 같이 됨이라.
> 산 자는 이것을 그의 마음에 둘지어다(2절).

> 지혜자의 마음은 초상집에 있으되
> 우매한 자의 마음은 혼인집에 있느니라(4절).

　전도자는 장례식에서 두 종류의 사람이 있음을 깨달았다. 우매한 자는 거기에 앉아, 장례식이 견딜 수 없을 만큼 암울하니 햇빛 비치는 밖으로 가급적 빨리 나가 자기가 하던 일로 돌아가서 저녁에 술집이나 가야겠다고 생각한다. 하지만 지혜로운 사람은 장례식장에 앉아 관을 바라보며 언젠가 자기 차례가 올 것을 깨닫는다. 지혜로운 사람은 자신에게 이렇게 묻는다. '죽음이 내 차례가 될 때, 내 삶은 어떤 가치가 있을까? 사람들은 나에 대해 뭐하고 말할까?' 그는 볼링과 파티와 휴일을 좋아했다, 이런 말일까?

　전도자는 이렇게 말한다. 나도 여러 파티에 참석해 봤다. 내가 파티에 대해 말해도 당신은 절반도 믿지 않겠지만, 내가 하고 싶은 말이 있다. 만취 상태에서 인생의 중요한 문제를 다루는 사람을 나는 만나 본 적이 없다. 자, 당신 앞에 앉아 당신의 온갖 단점을 늘어놓는 친구를 두는 것이 「더 엑스 팩터」(The X Factor, 영국의 리얼리티 음악

오디션 프로그램—옮긴이)에 출연하려고 애쓰며 인생을 낭비하는 것보다 낫다(5절). 전도자의 말에 의하면, 그는 지혜로운 팝스타는 한 명도 만나 보지 못했지만 장례식에서 지혜를 깨달은 사람은 여럿 만나 보았다. 웃음, 즐거움. 물론 이런 것 자체에는 아무런 잘못이 없다. 하지만 그런 여흥은 당신이 불을 피울 때 사용하는 불쏘시개처럼 순식간에 사라진다(6절). 전도자는 다만 이것만은 들어 보라고 말한다. 나는 장례식장에 갈 때 내 삶을 정돈한다. 장례식장에 갔을 때, 죽음은 내게 이렇게 말했다. "와서 잠시 머물라. 앉아서 곰곰이 생각해 보라." 그리고 나는 죽음이 내게 하는 말을 경청했다.

분명히 해둘 아주 중요한 사실이 있다. 이렇게 사는 사람은 과민한 사람이 아니다. 대조적으로 이렇게 사는 사람의 특징은 깊이다. 그들은 영혼의 깊이, 성품의 깊이를 지니고 있다. 하지만 피상성은 이것을 부정하며 사는 도피주의자의 표식이다. 영화 「페임」Fame의 광고 문구는 "나는 영원히 살 거야"다. 오래전 원작 영화에도 이 광고 문구를 사용했으나, 리메이크 영화에는 이제 다른 배우가 등장한다. 그들은 영원히 살지 못하기 때문이다. 원작의 댄서들은 이제 셀룰라이트를 얻었고 그들의 다리는 전에 했던 일을 하지 못하므로 우리에겐 영원히 살 더 젊고 더 예쁜 새 댄서가 필요하다. 앞으로 계속 그럴 것이다.

만약 당신이 죽음을 부정하며 산다면, 먹고 웃고 마시고 파티를 하는 것 말고 할 게 무엇이 있을까? 죽음은 피상적인 사람이 되지 말고 깊이 있는 사람이 되라고 초대한다. 어떻게 울지 아는 사람만이 참으로 웃음의 의미를 알 수 있다. 이것이 전도서의 메시지다. 전도서는 훌륭한 삶을 사는 것이 훌륭한 죽음을 준비하는 것임을 깨달은 사람이 되라는 초대다.

당신은 그런 사람을 만나 본 적이 있는가? 그들의 삶은 실제로 활기가 넘치고 세계와 자기 가정과 창조 세계의 선함에 참여한다. 그들은 자신들이 이 모든 것을 빌려 왔고—이건 선물이다—어느 날 하나님이 종료 시간을 알리실 것임을 알기 때문이다. 하나님이 종료 시간을 알리실 때, 그들은 기꺼이 응할 것이다. 당신은 죽음이 당신에게 삶의 한계를 가르치게 하겠는가? 죽음이 당신의 목표와 태도, 당신이 가장 많이 갈망하고, 일하고, 기도하고, 소망하는 일들을 다시 빚게 하겠는가? 죽음이 당신의 주인이 아니고 당신을 소유하지 않는다면—당신이 그리스도 안에 있다면 절대, 결코 그럴 수 없다—죽음은 당신에게 가르침을 줄 수 있다.

그리고 우리 자신이 겪게 될 미래의 죽음만이 우리에게 가르침을 줄 수 있는 건 아니다. 우리는 죽음이 먼저 다른 사람의 삶을 심오하게 빚었던 과정을 보면서 죽음의 교훈을 배울 수 있다. 죽음을 가까이에서 직접 맛본 사람은 다시 똑같아질 수 없다.

1991년 어느 가을 밤, 제럴드 싯처Gerald Sittser는 아이다호 시골에서 아내와 네 자녀, 어머니를 태우고 운전하던 중에 음주 운전자 때문에 사고를 당했다. 그는 한순간에 아내와 어머니, 네 살배기 딸을 잃었다. 그 후유증 속에서 싯처는 상실과 슬픔을 다룬 아름답고 아주 감동적인 책 『하나님 앞에서 울다』A Grace Disguised를 저술했다.[1] 그의 묵상은 내면에서 올라온 형언할 수 없는 고뇌를 전하면서, 자신과 생존 자녀들이 서서히 자신들의 삶을 다시 통합하기 시작했던 과정

삶의 한계를 사랑하는 법

을 감동적으로 묘사한다.

『하나님 앞에서 울다』가 처음 발간되고 8년 후, 싯처는 자신과 자녀들이 사고 후 어떤 시기까지 경험했는지 설명할 기회를 얻었다. 이 책 제2판 서문에서 그는 "쓰라린 상처와 극도의 혼란이… 만족과 깊은 감사로 바뀌었다"라고 고백한다. 그의 이야기는 "나와 내 자녀는 물론이고 다른 많은 사람들에게도 구속적인" 것으로 증명되었다. 그런 다음 싯처는 이렇게 말한다. "이상한 말처럼 들리겠지만, 나는 모든 사람이 나와 같은 경험을 할 수 있기를 바란다. 물론 가슴 아픈 고통은 없이 말이다."[2] 싯처가 자신의 트라우마를 '포장된 은혜'grace disuised라고 묘사할 수 있었다는 점은 놀랍다. 하지만 그가 이제 자신이 받은 선물을 다른 사람도 공유하기를 바라는 그런 위치에서 있다는 점은 분명 대단히 경이롭다. 이 선물이 무엇인지 알기 위해 당신은 그의 책을 읽어야 할 것이다.

대참사에서 생존한 사람들은 종종 이렇게 말한다. 생존 후 그들은 이윽고 어떻게든 자기 안에 상실을 받아들여 마음을 확장할 수 있었고, 덕분에 잘 살아 내고, 단순한 것을 즐기고, 하나님을 아는 능력이 이전에 한 번도 생각지 못한 친밀한 데까지 나아갔다고 말이다. 마치 하나님이 한 사람을 한계점까지 한껏 늘이신 다음, 이제 늘어난 그의 마음과 생각 속에 전과 다르게 하나님과 인생과 다른 사람을 위한 공간이 생겼음을 발견하는 것과 비슷하다. 제럴드 싯처는 심지어 영혼의 질병이 "오직 고난을 통해 치유"될 수 있다고 적는다.[3]

죽음에는 우리가 죽음을 통해서만 배울 수 있는 사랑과 기쁨의 본질을 가르쳐 줄 능력이 있다. 하지만 이런 것을 배우는 경험이 매력적이거나 기쁘다는 의미는 아니다. 니콜라스 월터스토프Nicholas Wolterstorff가 등반 사고로 죽은 스물다섯 살 아들의 죽음에 대해 『나는 사랑하는 사람을 잃었습니다』Lament for a Son에 적은 묵상은, 내가 지금껏 읽은 것 중 가장 가슴 뭉클한 회고였다.[4] 나는 이 책을 처음 읽을 때는 눈물을 흘렸고, 나중에는 상실을 직접 경험해 보지 않은 내가 산산이 부서지는 상실의 감정을 훔쳐본다는 데 상당한 죄책감을 느꼈다. 그런데 최근 나는 그의 책 첫머리에서, 이 책을 모든 자녀에게 주는 또 다른 아버지의 이상한 습관에 대한 월터스토프의 설명에 주목했다. 그가 이렇게 하는 이유는 이 책이 사랑의 편지이기 때문이다. 바로 그런 이유로, 이 책은 아주 감동적이고 아주 가슴 아프다. 탄식은 사랑의 표현이다. 다른 사람의 탄식은 당신의 슬픔만이 아니라 당신의 사랑에도 목소리를 줄 수 있다. 다른 사람의 탄식은 당신이 안다고 인식조차 하지 못했던 마음의 언어를 가르쳐 줄 수 있다.

죽음은 설교자의 옷을 입고서, 삶은 유한하고 우리가 삶을 제대로 활용해야 한다고 가르친다. 죽음은 설교단에서 몸을 굽혀 우리에게 각인시킨다. 우리가 사랑하는 사람들은 유한하니, 우리는 스스로 인식하는 것보다 그들을 더 깊이 사랑하고, 그들을 제대로 사랑해야 한다고 말이다. 우리가 지혜롭게 설교를 선별하기만 한다면, 죽음이 전하는 설교는 사랑하는 방식과 살아가는 방식에 대해 더 많은 것을 말해 줄 수 있다. 우리가 실제로 살고 사랑하면서 경험한다고 인식하는 것보다 더 많은 것을 말이다.

삶의 한계를 사랑하는 법

2. 지혜의 한계(7-25절)

전도자가 우리에게 전해 주는 균형 잡힌 관점을 파악하는 게 중요하다. 그는 지혜를 사용하여 자신이 세상에서 보았던 모든 것을 검증하려고 애썼고, 미진한 부분을 전부 정리할 수 없게 되자 어리둥절한 상태에 빠졌다(23절). 하지만 지혜가 쓸모없다는 말은 아니다. 다른 것에 비해 더 나은 행동 방침이 있다. 그는 우리에게 네 가지 본보기를 보여준다. 탐욕, 조급함, 분노 그리고 향수. 처음 세 가지는 간단히 살펴보고, 네 번째를 조금 더 시간을 두고 다루겠다.

돈

탐욕의 위험을 경계하라(7절). 지혜는 스테인리스스틸에 담겨 오지 않는다. 즉, 녹슬 수 있다. 달러 표시가 반짝일 때, 지혜로운 사람도 우매한 자로 전락할 수 있다. 속담에서 말하듯이, 돈이면 무엇이든 사람을 부릴 수 있다. 하지만 전도자는 이 말이 틀렸음을 입증해야 한다고 말한다. 돈으로 살 수 있는 그런 사람이 되지 말라.

당신은 장례식장에 가서 죽음이 돈에 관해 전하는 설교를 경청함으로써 마음의 부패를 막을 수 있다. 더 많은 현금? 당신은 그 돈으로 무엇을 하려고 하는가? 당신은 언제든 당신이 들어갈 관을 장식하는 데 그 돈을 사용할 수 있다.

다가오는 죽음이 당신의 마음을 보호하게 하라.

인내

프로젝트를 시작했다가 결코 끝마치지 못하는 사람이 되느니 끝까지 마무리하는 편이 더 낫다(8절). 인내는 미덕이다. 값어치 있는 것은 무엇이든 발전하고 자라는 데 시간이 걸린다. 그러니 거기에 필요한 시간을 주라.

분노

장기적인 관점에서 바라보면, 당신은 심각한 좌절에 직면할 것이니 심지를 강화할 여러 훈련을 하라. 장례식에 참석해서 언젠가 당신도 죽을 것임을 깨달으라. 버럭 화를 내는 그런 사람이 되는 게 정말 가치 있다고 생각하는가? 그렇다면, 당신은 우매한 자다(9절).

향수

옛날이 오늘보다 나은 것이 어찜이냐 하지 말라.
이렇게 묻는 것은 지혜가 아니니라(10절).

요즘 우리는 이런 정서가 담긴 말을, 거의 단어 차이 하나 없이 아주 흔하게 듣는다.

"상황이 예전 같지 않아."
"세상이 왜 이렇게 나빠지고 있는 거야? 폭력 범죄가 늘고 있어."
"우리 아이를 요즘 같은 때에 기르지 않은 게 다행이야."

하지만 전도서 저자는 이런 식으로 말하는 사람들에게 이렇게 대답할 것 같다. 상황이 항상 더 악화되는 세상에서 살고 있다고 생각한다면, 즐거워하라. 적어도 당신은 상황이 정말 나빠지기 전에 죽을 테니 말이다.

과거가 현재보다 나았을 수도 있다. 하지만 "왜 과거가 더 나았지?"라고 묻기 시작할 때, 당신은 현재에 계신 하나님의 임재를 부정하는 일을 하고 있는 것이다. 상황이 더 악화되었다고 받아들이는 당신은 하나님이 더 이상 통제하고 있지 않다고 생각하는가? 하나님이 지금 당신이 있는 곳까지 당신을 데려오지 않으셨다고, 더 이상 당신을 사랑하거나 당신을 위한 계획 또는 목적을 갖고 계시지 않다고 생각하는가? 10절의 질문을 던지는 것은 지혜롭지 못하다. 이 질문은 하나님에 대해 잊고 있기 때문이다. 종종 우리가 이렇게 질문하는 이유는 우리가 현재의 좋은 것에 눈 감고 과거의 악에 무지하기 때문이다.

이 네 가지가 모두 도피주의의 변형이라는 점을 주목하라. 탐욕은 당신의 책임에서 도피하는 한 방편이다. 조급함은 현실에서 도피하여 상황이 지금과 달랐기를 바라는 한 방편이다. 분노는 당신이 바라는 대로 존재하지 않는 상황에 대처하지 못하는 당신의 무능에서 도피하는 한 방편이다. 향수는 믿음 가운데 현재와 맞붙어 싸우거나 미래를 바라보는 대신 과거에 안주하는 도피주의의 한 형태다.

그런데 여기서 잠시 향수에 대해 조금 더 생각해 보자. 우리는 C. S. 루이스의 도움을 받을 것이다. 향수는 젊은 시절을 아쉬워하며 돌아보는 나이 든 사람들만이 아니라 우리 모두에게 영향을 준다. 아마 우리는 건물이나 장소에 대해 향수를 느낄 것이다. 우리는 사람에 대해 혹은 특정 시점에 느꼈던 강렬한 감정에 대해 향수를 경험할 가능성이 가장 높다. 잠시 멈추어 향수의 느낌에 대해 또 향수가 정말 무엇인지 생각해 본 적이 있는가?

C. S. 루이스의 말에 따르면, 향수란 특수한 갈망의 감정이고, 항상 달콤쌉쌀하다. 향수를 느낄 때, 우리는 무언가 상실감을 경험한다. 하지만 동시에 그것은 우리가 상실한 것에 대한 아름다운 자각이기에 우리는 그것을 갈망한다. 향수는 대개 순간적이고, 거기에 어떤 고통이 있을 경우 일종의 만족스러운 갈망도 수반된다. 이제 루이스의 말을 들어 보자. 자기가 갈망하는 것이 실제로 자기가 갈망하는 그것이라고 생각하는 사람은 아이들이나 정서적으로 미성숙한 사람들밖에 없다. 아이들은 그 아름다운 언덕의 추억이 자기에게 사랑스러운 감정을 주었기에 그 언덕으로 다시 돌아간다면 거기 머무는 동안 사랑스러운 감정을 오래, 고스란히 소유할 거라고 생각한다. 그런데 루이스는 아니라고, 전혀 현명한 생각이 아니라고 말한다. 성숙하면서, 당신은 향수가 일종의 속임수를 부린다는 사실을 깨닫는다. 향수는 당신의 감정을 강화한다. 성장하면서, 당신이 깨닫는 바가 있다. 곧 당신이 그 언덕으로 돌아갈 수 있다면 그건 좋은 일이요 멋진 일이겠지만, 어떤 면에서 그것은 일상적인 일이 될 테고, 그러면 그저 돌아가는 것만으로는 그런 강렬한 감정을 느끼지 못한다는 점이다.

만일 우리가 어떤 책이나 음악 안에 아름다움이 놓여 있다고 생각하고 신뢰한다면, 책과 음악은 우리를 배신할 것이다. 아름다움은 책이나 음악 안에 있지 않고, 오직 그런 것을 통해 오고, 그런 것을 통해 오던 그것을 우리가 갈망하는 것이기 때문이다. 이런 것, 곧 아름다움이나 우리 자신의 과거의 기억은 우리가 정말 갈망하는 대상의 훌륭한 이미지다. 하지만 이것을 실체로 오인한다면, 말 못 하는 우상으로 둔갑하여 숭배자들의 마음을 상하게 할 것이다. 이런 것은 실체가 아니기 때문이다. 이런 것은 우리가 발견하지 못한 꽃의 향기이고, 들어본 적 없는 음악의 메아리이고, 아직 방문하지 못한 나라에서 온 소식일 뿐이다.[5]

향수를 경험할 때 당신의 마음은, 당신이 만나 본 적 없는 훨씬 아름다운 사람 혹은 당신이 알지 못하는 훨씬 아름다운 곳을 갈망한다. 당신은 과거를 갈망하고 있다고 생각하겠지만 과거는 결코 당신의 마음이 말하는 것만큼 훌륭하지 않았다. 또한 루이스에 의하면, 그 순간 하나님은 당신이 아직 실제로 본 적 없는 강렬한 완벽함과 아름다움의 가장 심오한 전조 하나를 언뜻 보여주신다. 사실 당신의 심금을 울리는 것은 미래다. 하늘이다. 당신의 본향 의식과 소속감이 일순간 당신의 삶의 표면에 균열을 일으켰다가, 그 뒤에 사라진다.

이것은 전도서의 메시지와 멋지게 들어맞는다. 우리가 3장에서 보았던 내용을 기억하라. 하나님은 우리 마음속에 영원을 두셨다. 우리는 본향을 위해, 우리가 아직 보지 못한 곳을 위해 만들어졌다. 따라서 우리가 그 눈부신 향수의 순간을 맛볼 때는 영원한 본향의 작은 틈이 현재 삶 속으로 파고 들어오는 것과 같다. 하나님이 우리로 하여금 그분을 갈망하고 하늘을 갈망하도록 만드셨음을 아는 지혜로운 사람은, 향수를 느낄 때 뒤를 돌아보지 않는다. 그들은 그 느낌이 앞을 지시하도록 승인한다. 그들은 하늘과 본향을 올려다본다.

따라서 분명 지혜에는 유익이 있다. 하지만 이제 7:13을 주목하라. 지혜에는 명백한 한계가 있다. 지혜는 하나님이 굽게 하신 것을 곧게 펴지 못하며, 왜 깡패가 스포츠카를 몰고 착한 사람이 굶주리다 가난하게 죽는지 설명하지 못한다. 하나님은 왜 이런 일을 허락하시는가? 우리는 알지 못한다.

지혜는 실제로 위험할 수 있다. 작은 지혜는 먼 길을 갈 수도 있다. 혹은 작은 지혜는 얼마든 당신과 함께 목매어 죽을 수도 있다. 세상이 죄로 인해 뒤틀려 있고, 모든 마음이 그 영향 아래 있고, 따라서 우리는 모든 것을 완전히 설명할 수 없다는 사실을 잊는다면 말이다. 지혜는 당신의 삶과 운명에 대해 당신이 추구하는 그런 통제력을 결코 성취할 수 없다. 지혜는 당신의 돈과 성급함, 분노, 향수에 도움을 줄 수 있다. 지혜는 당신이 문 옆에서 경청하다 듣고 싶지 않은 말을 들을 때 너무 기분 상하지 않도록 도움을 줄 수 있다(21절). 지혜롭다면, 당신도 종종 다른 사람에 대해 그런 말을 했음을 깨달을 것이기 때문이다. 지혜는 이런 식으로 당신에게 도움을 줄 수 있다.

하지만 하나님은 시간을 다스리시는 분임을 결코 잊지 말라. 하나님은 우주를 통치하신다. 따라서 당신이 잘 살고 잘 죽고 정말 무언가를 알 수 있지만, 만사를 완전히 알 수는 없다.

하지만 하나님은 다르시다. 그러니 그분을 신뢰하라. 그리고 지혜로 우상을 만들어 내지 말라.

토론과 개인 묵상을 위한 질문

1. 삶에 한계가 있다는 사실을 받아들이기 어려운 이유는 무엇일까?

2. 마지막으로 장례식에 간 것이 언제인가? 무엇을 느꼈는가? 그곳에서 무엇을 배울 수 있었는가?

3. 이 장에서 전도자는 죽음이 초대장을 주는 스승이라고 주장했다. 이 말의 의미를 자신의 말로 설명해 보라.

4. 죽음은 우리의 삶에서 분노, 조급함, 탐욕, 향수 이 네 가지 각각에 어떤 영향을 주는가?

5. 분노, 조급함, 탐욕, 향수 중에 더 지혜롭게 다룰 수 있도록 하나님께 도움을 구해야 할 항목은 무엇인가?

7
죽음에서 깊이로

전도서 9:1-12

우리는 전부 갖고, 전부 알고, 전부 실행하고, 전부 성취하고, 영원히 행복하고
모든 사람에게 영원히 기억되기를 열망한다. 이것이 우리가 희망하는 바다.
하지만 우리가 내일 버스에 치이지 않을 거라는 보장이 있는가?

7

죽음에서 깊이로

이 온갖 음식들이며, 쓰레기,

이 흥청망청한 분위기는 대체 무슨 뜻이냐?

이게 다 어디서 난 거냔 말이다!

『사자와 마녀와 옷장』*The Witch and the Wardrobe*에 나오는 하얀 마녀의 말

¹ 이 모든 것을 내가 마음에 두고 이 모든 것을 살펴본즉 의인들이나 지혜자들이나 그들의 행위나 모두 다 하나님의 손안에 있으니 사랑을 받는지 미움을 받는지 사람이 알지 못하는 것은 모두 그들의 미래의 일들임이니라. ² 모든 사람에게 임하는 그 모든 것이 일반이라. 의인과 악인, 선한 자와 깨끗한 자와 깨끗하지 아니한 자, 제사를 드리는 자와 제사를 드리지 아니하는 자에게 일어나는 일들이 모두 일반이니 선인과 죄인, 맹세하는 자와 맹세하기를 무서워하는 자가 일반이로다. ³ 모든 사람의 결국은 일반이라. 이것은 해 아래에서 행해지는 모든 일 중의 악한 것이니 곧 인생의 마음에는 악이 가득하여

그들의 평생에 미친 마음을 품고 있다가 후에는 죽은 자들에게로 돌아가는 것이라. ⁴ 모든 산 자들 중에 들어 있는 자에게는 누구나 소망이 있음은 산 개가 죽은 사자보다 낫기 때문이니라. ⁵ 산 자들은 죽을 줄을 알되 죽은 자들은 아무것도 모르며 그들이 다시는 상을 받지 못하는 것은 그들의 이름이 잊어버린 바 됨이니라. ⁶ 그들의 사랑과 미움과 시기도 없어진 지 오래이니 해 아래에서 행하는 모든 일 중에서 그들에게 돌아갈 몫은 영원히 없느니라.

⁷ 너는 가서 기쁨으로 네 음식물을 먹고 즐거운 마음으로 네 포도주를 마실지어다. 이는 하나님이 네가 하는 일들을 벌써 기쁘게 받으셨음이니라.

⁸ 네 의복을 항상 희게 하며 네 머리에 향 기름을 그치지 아니하도록 할지니라.

⁹ 네 헛된 평생의 모든 날 곧 하나님이 해 아래에서 네게 주신 모든 헛된 날에 네가 사랑하는 아내와 함께 즐겁게 살지어다. 그것이 네가 평생에 해 아래에서 수고하고 얻은 네 몫이니라. ¹⁰ 네 손이 일을 얻는 대로 힘을 다하여 할지어다. 네가 장차 들어갈 스올에는 일도 없고 계획도 없고 지식도 없고 지혜도 없음이니라.

¹¹ 내가 다시 해 아래에서 보니 빠른 경주자들이라고 선착하는 것이 아니며 용사들이라고 전쟁에 승리하는 것이 아니며 지혜자들이라고 음식물을 얻는 것도 아니며 명철자들이라고 재물을 얻는 것도 아니며 지식인들이라고 은총을 입는 것이 아니니 이는 시기와 기회는 그들 모두에게 임함이니라. ¹² 분명히 사람은 자기의 시기도 알지 못하나니 물고기들이 재난의 그물에 걸리고 새들이 올무에 걸림같이 인

생들도 재앙의 날이 그들에게 홀연히 임하면 거기에 걸리느니라.

전도서 9:1-12

부드럽지 않은 손길

우리가 지금 전도서 막바지에 다다르고 있다는 점은 9:1에서 분명해진다. 이제 전도자가 터득한 교훈과 결론을 자세히 서술할 차례다. 실제로 전도서에는 앞으로 네 장이 더 나오지만, 전도자는 우리에게 숨 돌릴 틈을 주면서 자신의 발견을 진술할 기회를 얻는다. 그가 지금까지 우리에게 얘기해 온 일부 내용은 너무 이례적이고, 우리의 일상적인 사고방식에서는 물론 우리가 보통 성경에 대해 생각하는 방식에서도 크게 벗어나 있어서, 마치 그 속에 절여질 시간이 필요하다고 여기는 것 같다. 아내가 현재 진행 상황에 대해 너덧 차례나 이야기해 준 뒤에야 내 둔한 머리로 겨우 납득했던 일이 종종 있다. 성경이 삶에 대해 있는 그대로 얘기해 줄 때도 우리는 실상 전혀 다르지 않다.

9장에서 전도자는 하나님의 세상에서 살아가는 인생의 그림을 볼 기회를 한 번 더 준다. 죽음, 그리고 삶의 불가해한 특성—왜 선한 사람은 때때로 젊은 나이에 죽는 반면 악한 사람은 고령에 이를 때까지 사는가?—그리고 정상적인 상황이 아닌 것 같은 사실, 즉 음식과 포도주의 기쁨이 9장에서 다시 우리 앞에 펼쳐진다. 하지만 역시 저자는 이 모든 것을 정말 이례적인 렌즈를 통해 바라본다. 그의 렌즈는

죽음에서 깊이로

이것이다. "너는 가서 기쁨으로 네 음식물을 먹고 즐거운 마음으로 네 포도주를 마실지어다. 이는 하나님이 네가 하는 일들을 벌써 기쁘게 받으셨음이니라"(7절). 우리는 이 말을 어떻게 이해해야 할까?

이 구절은 실제로 전도서의 핵심이다. 알다시피, 이 구절은 전도자가 세상을 바라보는 방식을 보여주고 전도서를 저술하는 중심 목적으로 우리를 이끈다. 그는 우리가 하나님과 같을 수 있다는 사고를 산산이 부수기 위해 이 책을 저술했다. 우리는 전부 갖고, 전부 알고, 전부 실행하고, 전부 성취하고, 영원히 행복하고, 모든 답을 갖고 있고, 머리를 절대 쥐어뜯지 않고, 모든 사람에게 영원히 기억되기를 열망한다. 이것이 우리가 희망하는 바다. 하지만 우리가 내일 버스에 치이지 않을 거라는 보장이 있는가? 이런 일이 내일 당신에게 일어난다는 사실을 알 때, 당신은 오늘 어떻게 살겠는가? 이것이 전도서의 요점이다. 지금 당신이 누리는 삶은 하나님의 손에서 온 선물이다. 당신은 이 삶을 잠시 누릴 것이고, 어느 날 하나님은 종료 시간을 알리고 다시 가져가실 것이다. 오늘 아내와 함께 인생을 즐기라. 내일 아내가 없을지도 모르니 말이다. 혹은 당신이 없을지도 모른다.

9장에서 전도자는 세 가지 다른 망치를 사용하여, 우리가 삶을 통제할 수 있고 우리가 신이 되어 우리 운명을 결정할 수 있다는 환상을 부순다. 우리의 우상숭배를 분쇄하기 위해 그는 인생에서 확실한 한 가지 사실을 보여주고(1-6절), 인생에서 불확실한 여러 가지 사실을 보여준다(11-12절). 그런 다음 전도자는 인생에서 지혜로운 단순한 사실을 그 둘 사이에서 보여준다(7-10절). 이어지는 글에서 나는 먼저 양쪽 버팀목을 다루려고 한다. 세상이 산뜻하고 깔끔하고 설명 가능하다는 거짓 관념에서 우리를 깨우는 커다란 망치 두 개가 여기에 있다. 그 사이에서 전도자는 우리 앞에 대안적인 삶의 방식을 내놓는다.

1. 인생에서 확실한 한 가지 사실(1-6절)

다시 전도자는 인생에서 확실한 한 가지 사실을 오래, 철저히, 면밀하게 바라보라고 요청한다. 바로 우리의 죽음이다. 깨어지고 무너져 뒤죽박죽된 세상에서 믿을 수 없을 만큼 냉혹한 현실이 있다. 곧 우리가 처음 이 책을 읽기 시작했을 때보다 바로 지금 죽음에 더 가까이 있다는 점만이 우리가 확신할 수 있는 유일한 사실이다. 전도자는 우리가 누구든 우리가 무엇을 했든 관계없이, 죽음이 우리 모두에게 다가온다는 사실과 씨름하고 있다. 사랑 혹은 미움이 앞에 있는지 아는 사람은 아무도 없지만, 모든 사람에게 똑같은 끝이 있다는 건 우리 모두 알고 있다. 의인이든 악인이든, 선한 사람이든 악한 사람이든, 멋진 사람이든 끔찍한 사람이든, 신자든 불신자든, 성실하고 진실한 사람이든 속이는 사기꾼이든, 모두 마지막에 땅 속으로 들어간다.

전도자가 3절에서 "모든 사람의 결국은 일반이라. 이것은 해 아래에서 행해지는 모든 일 중의 악한 것"이라고 말할 때, 그의 말은 단순히 죽음이 악하다는 의미가 아니다. 물론 이 말도 사실이지만 말이다. 그의 말은 죽음이 작동하는 방식 역시 악하다는 뜻이다. 죽음은 좋은 사람과 나쁜 사람을 한꺼번에 데려간다. 대체 정의는 어디에 있는가? 납득이 안 된다. 누구든 죽음을 경험하면 격분이 인다. 세

죽음에서 깊이로

상이 이래서는 안 된다. 그렇지만 젊은이가 한창때 주저앉는 것을 볼 때 얼마나 큰 격분이 이는지. 만약 좋은 사람이 죽음의 신으로부터 공정한 대우를 받을 거라고 기대한다면 당신은 아주 쓰디쓴 알약을 삼켜야 한다. 세상은 결코 이런 식으로 작동하지 않는다.

이제 저자의 관점에 주목해 보자. 해 아래에서, 이것은 악이다. 대체 왜 마약 판매상이나 대량 살상범이 의로운 사람과 동일한 대접을 받아야 하는가? 해 아래에서 납득이 안 된다. 그런데 전도자는 전혀 이해가 되지 않는다고 말하지 않는 점을 주목하라. 그는 단지 우리에게 납득이 되지 않을 뿐이라고 말한다. 의인과 지혜로운 자와 그들의 행위는 하나님의 손안에 있다.

이 두 가지—하나님은 우리가 알지 못하는 큰 그림을 아시고, 우리의 작은 그림에서 우리가 아는 바는 우리가 누구이고 우리가 무엇을 했든 죽음이 확실한 끝이라는 점이다—를 하나로 묶어 보면, 인생은 살 만한 가치를 지닌다. "모든 산 자들 중에 들어 있는 자에게는 누구나 소망이 있다"(4절). 심지어 살아 있는 개가 죽은 사자보다 훨씬 낫다. 이것은 아주 충격적인 표현이지만, 요지는 간단하다. 살아 있다는 것은 우리가 죽었을 때 갖지 못한 기회의 날을 우리 손에 쥐고 있는 것이다. 이것이 5-6절의 내용이다. 당신이 생각하기에 세상에서 가장 중요한 모든 일, 가장 강렬한 모든 감정, 곧 당신의 사랑, 당신의 미움, 당신의 질투가 죄다 차갑게 식고, 사그라져, 잊힐 그때가 오고 있다.

요컨대 죽음은 전혀 납득이 되지 않는다. 죽음은 당신의 얼굴에 당혹감에 젖은 눈물을 남길 것이다. 그리고 죽음이 그렇기 때문에, 삶은 이런 방식으로 작동한다. 즉, 하나님은 예수님 안에서 우리에게 오셔서 이렇게 말씀하신다. "나를 신뢰하여라. 나와 함께 걸어라. 나를 사랑하고, 네 손으로 내 손을 붙잡아라. 내 말을 믿어라. 전부 이해하고, 전부 통제하고, 미진한 부분을 전부 정리하고, 완전한 평화와 부와 건강과 행복을 소유하려는 시도를 중단하여라. 이 모든 것을 위한 분투를 중단하되, 바로 지금 중단하여라. 인생이 항상 이해되는 건 아님을 깨닫지 못한다면, 그것을 입증해 줄 일이 네 앞에 나타날 것이다. 죽음이 다가오고 있다."

내가 아는 한, 나는 잘 죽는 것이 어떤 의미인지 전혀 개념이 없는 젊은 세대에 속해 있다. 잘 죽는 것은, 죽음이 당신의 가족에게 손을 댈 때 당신의 마음이 아프지 않다는 의미가 아니다. 당신이 숨막히는 슬픔을 겪지 않는다는 의미도 아니다. 잘 죽는 것은, 신이 되고 싶어 하는 피조물에게 하나님이 두신 한계가 죽음임을 깨닫는다는 뜻이다. 여기에는 나도 포함된다. 내 아내가 당신에게 말해 줄 수 있듯이, 나는 내가 우주의 중심이라는 생각에 상당히 끌리기 때문이다.

잘 죽는 것은 죽음이 단지 우연히 일어나는 일이 아님을 깨닫는다는 의미다. 죽음이 내게 일어나는 이유는 내가 죄인이기 때문이다. 나는 어떤 의미에서 나 자신의 죽음을 스스로 야기한다는 사실을 깨닫는다. 잘 죽는 것은, 매번 관을 볼 때마다 세상은 타락하여 깨어져 있고 죽음의 저주 아래 있다, 그리고 나는 그 일부라는 죽음의 설교를 깨닫는다는 뜻이다. 이것은 인생 70년이라는 기간을 하나님이 내게 빚지고 계신 것이 아님을 깨닫는다는 뜻이다. 오늘 내가 소

죽음에서 깊이로

멸하지 않는 것은 오직 그분의 자비 때문이다. 잘 죽는 것은 내가 태어난 그날부터 사형 선고 아래 있었음을 깨닫는다는 뜻이며, 나는 하나님이 나를 이렇게 오래 살려 두셨다는 사실에 깜짝 놀란다. 나는 태어나던 순간부터 죽음을 향해 가고 있었다. 나는 하늘에 보화를 쌓아 왔고, 내 마음은 그곳에 있다. 잘 죽는 것은 내가 이 세상에서 소유한 모든 것을 언제든 놓을 수 있다는 뜻이다. 내가 그 어떤 것 그 어떤 사람보다 예수님을 더 사랑하고, 나는 기꺼이 그분에게 귀향할 것이기 때문이다.

장성한 딸을 암으로 잃은 친한 친구가 있다. 딸아이는 견실한 그리스도인이었고, 내 친구도 그랬다. 딸이 죽어 가던 어느 날, 친구가 딸의 병원 침상에 있는데 가족의 친구 한 명이 찾아왔다. 그는 공교롭게도 연줄이 탄탄한 의사였고, 런던에 있는 할리 스트리트(Harley Street, 19세기부터 의료 전문가가 많기로 명성이 자자하던 지역─옮긴이) 전문의를 예약해 줄 수 있다고 제안했다. 내 친구는 그의 제안에 깊은 감사를 표했지만, 곧 그 친절한 의사에게 이렇게 말했다. "우리 모두 여기에 다다릅니다." 나 역시 딸을 키우는 아빠로서, 딸의 임박한 죽음 앞에서 그의 심오한 현실 파악 능력을 보고 가슴이 뭉클했다. 그는 운명론자나 비관론자가 아니었다. 내가 아는 한 그는 자기 딸이 치료되고 완치되기를 갈망했고, 의사의 도움을 거절하지 않았다. 하지만 내 친구는 죽음을 준비함으로써 삶을 살아내고 있었다.

죽음을 가까이에서 직면했을 때, 우리 모두 여기에 다다른다는 사실을 누구나 깨닫는다. 하지만 우리가 처음 죽음에 직면한다면, 대단히 참담할 것 같다. 죽음에 다다르기 전 우리 모두 그렇게 될 것을 깨닫는 것은, 죽음이 정면에서 당신을 응시할 때에야 이것을 깨닫는 것과는 판이하게 다르다.

하지만 죽음을 준비하는 것, 죽음을 잘 준비하는 것은 커튼을 내리고 상복을 입고 암울한 생각을 한다는 의미가 아니다. 죽음을 준비하는 것은 어떻게 살지 생각한다는 의미다. 하지만 거기에 다다르기 전, 인생에서 불확실한 여러 가지 사실을 살펴보자.

2. 인생에서 불확실한 여러 가지 사실(11-12절)

여기 반대쪽 극단이 있다. 우리는 마치 확실한 한 가지는 절대 오지 않을 것이고 불확실한 여러 가지는 꼭 올 거라고 여기며 사는 경향이 있다.

물론 경주는 십중팔구 빠른 사람에게 유리하고 싸움은 강자에게 유리하다. 분별 있는 사람은 대개 어떻게 수지 균형을 맞추는지 알고 있기에 넉넉히 살아간다. 총명한 사람이 보통 최고 급여를 받는 일자리를 얻고, 학력이 높은 사람이 대개 기회를 얻는다. 하지만 항상 그런 건 아니다. "시기와 기회는 그들 모두에게 임함이니라"(time and chance happen to them all, 11절). "기회"chance라는 표현은 여기서 형편없는 번역이다. 문자적으로, "시간과 사건은 누구에게나 일어난다"(time and happenings happen to all)라고 봐야 한다. 다시 말해, 상황이 발생하고, 정황이 변하고, 예상치 못한 사건이 일어난다.

그런 이유로 도박 산업은 대체로 마권 업자를 부자로 만든다. 당신은 어떤 일이 일어날지 예상할 수 없고, 당신이 예상할 수 있을 때엔 배당이 적어 거기에 돈을 걸 이유가 전혀 없다. 하지만 당신이 내

죽음에서 깊이로

기 돈을 걸 때엔 아마 패배자가 이기고 당신은 손해를 입을 것이다. 당신은 미래를 알지 못한다. 한가롭게 헤엄을 치고 있던 물고기가, 혹은 먹잇감을 찾아 하강하던 새가 위험이 다가오는 것을 알아채지 못해 난데없이 덫에 걸려 생포되는 것과 똑같다(12절). 마찬가지로, 다가오는 것을 보지 못했고 또 언제나 다른 사람에게나 일어날 거라고 생각했던 재난 때문에 사람들의 삶은 뒤집히기 일쑤다.

발레리나나 소방관이 되겠다는 어린 시절의 꿈은 우리가 성장하면서 다른 것으로 대체된다. 그 대신 수습 과정이나 학위에 대한 희망, 일자리에 대한 희망, 남편과 자녀에 대한 희망, 그리고 사람들이 오가고 함께 웃고 먹고 이야기하는 큰 거실이 있는 집을 도시의 특정 지역에 갖고 싶다는 희망이 자리 잡는다. 당신은 그냥 가족과 손자손녀를 곁에 두고 행복하게 늙어 가기를 갈망할 수도 있다. 전도서는 당신이 이 모든 일을 할 수도 있고 올해가 지나기 전에 죽을 수도 있다고 말한다. 당신은 그 일자리를 절대 갖지 못할 것이다. 당신은 결혼하고 아이를 두지만, 당신이 원하는 집은 결코 소유하지 못할 것이다. 당신은 전도자가 우리에게 하는 말을 이해할 수 있는가? 해 아래 있지 않은 것을 신뢰하라. 해 아래에서 한 사건이 당신의 치밀한 계획을 전부 바꾸어 놓을 수도 있기 때문이다. "사람은 자기의 시기도 알지 못한다"(12절).

전도서 저자는 신약성경에 쌍둥이 형제를 둔 것 같다. 바로 사도 야고보다. 두 사람은 분명 똑같은 내용을 말한다.

들으라. 너희 중에 말하기를 "오늘이나 내일이나 우리가 어떤 도시에 가서 거기서 일 년을 머물며 장사하여 이익을 보리라" 하는 자들아. 내일 일을 너희가 알지 못하는도다. 너희 생명이 무엇이냐? 너희는 잠깐 보이다가 없어지는 안개니라. 너희가 도리어 말하기를 "주의 뜻이면 우리가 살기도 하고 이것이나 저것을 하리라" 할 것이거늘(약 4:13-15).

따라서 우리에게 던지는 질문은 이것이다. 우리가 이 두 극단 사이에서 균형을 이룰 때, 아름다움과 의미와 목적을 지닌 삶은 어떤 모습일까? 한편에서 볼 때, 나의 죽음은 확실하다. 다른 한편, 내 죽음의 시점은 불확실하다. 그렇다면 그 사이의 삶은 어떤 모습이어야 하는가?

전도자가 여기서 우리에게 주는 대답은 당신과 내가 아주 능숙하게 내놓는 대답과 같지 않다. 그의 대답은 아주 단순하다. 즉, 지금과 그때 사이에 잘 살아온 인생이 있다. 언젠가 당신이 죽는다면, 오늘을 살라. 당신이 언제 죽을지 모른다면, 할 수 있을 때, 바로 지금을 살라.

삶의 여정을 따라가는 지혜의 길은 하나님이 당신에게 주신 선물을 즐기는 것이다. 이 단순한 사실이 당신에게 즐거움을 준다.

3. 인생에서 지혜로운 단순한 사실(7-10절)

7절 바로 첫머리에 짧은 단어, "가라"Go가 나온다. "기쁨으로 음식을 먹으라"라고 말하기 전에 "가라!"라고 말한다. 기회를 붙잡으라. 다시 말해, 진심을 다해 시작하고, 자신이 무엇을 하려는지 알고

죽음에서 깊이로

있으라. 기쁘고 즐겁게 먹고 마시라. 7절 하반절은 이런 것이 선물임을 보여준다. "하나님이 네가 하는 일들을 벌써 기쁘게 받으셨음이니라." 하나님은 당신의 즐거움을 하나님 자신의 즐거움으로 받아들이신다. 하나님이 당신에게 즐거움을 주셨다.

우리가 여기서 전도서의 핵심을 다룬다고 말한 이유가 그 때문이다. 수익이 아니라 선물. 이것이 당신의 새로운 모토다. 인생의 의미는, 당신이 자신을 위해 창조하거나 온갖 노력과 야망을 통해 우주에서 발견할 수 있는 게 아니다. 당신이 배우자를 만나거나 아이를 갖거나 부자가 된다고 해도, 인생의 의미는 발견되지 않는다. 하나님이 이 세상에서 당신에게 삶을 주셨는데, 바로 당신이 누릴 선물로 이런 것을 주셨음을 깨달을 때 그 의미를 발견할 수 있다.

우리 어머니는 지금도 내게 크리스마스 선물 주기를 좋아하신다. 해마다 똑같다. 어머니는 내가 무엇을 받고 싶은지 물으시고, 나는 "고맙지만, 없어요, 엄마. 저도 마흔이 넘었으니 선물은 필요 없어요"라고 말한다. 하지만 어쨌든 어머니는 포장을 뜯을 물건을 주신다. 지금까지도 어머니는 자식이 선물받는 장면을 보고 싶어 하신다. 부모라면 누구나 이런 마음을 이해할 수 있다. 다른 사람을 사랑하는 사람이라면 누구나 이런 마음을 이해할 수 있다. 무언가를 줄 때, 우리가 좋아하는 것은 그것을 받는 사람 얼굴에 나타나는 기쁨이다. 전도자는 하나님도 똑같다고 말한다. 하나님이 우리에게 선물을 주실 때, 이것은 하나님이 우리를 기뻐하신다는 표시다. 하나님의 선물을 즐길 때, 우리는 그분의 호의를 경험한다. 하나님의 선한 선물에 응답하는 방법, 음식과 포도주와 가족이라는 선물을 우리에게 주신 그분의 즐거움에 응답하는 단 하나의 올바른 방법은, 가서 그것들을 즐기는 것이다.

"네 의복을 항상 희게 하며 네 머리에 향 기름을 그치지 아니하도록 할지니라"(8절). 시드니 그레이다누스Sidney Greidanus는 성경 속 인물들은 심란할 때 자신들의 슬픔을 보여주려고 베옷을 입고 재를 뒤집어썼다고 지적한다. 반면 태양의 열기를 반사하는 흰옷과 피부를 보호하고 영양분을 공급하는 기름은 기쁨과 행복을 보여주기 위한 것이었다.[1] 당신은 죽을 것이니 어떤 옷을 입든 어떻게 보이든 상관없다고 생각하지 말라. 오히려 자신을 돌보라. 세상은 색감과 생명과 아름다움이 넘치는 장소가 되어야 한다.

사랑하는 배우자와 함께 인생을 즐기라. 하나님이 당신에게 주신 사람을 소중히 여기고 보호하라. 당신이 기혼자라면, 이 말을 무시하지 말라. 아내와 동거하거나 아내에게 인내심을 발휘하라는 말이 아니다. 아내와 인생을 즐기라는 말이다. 만약 당신이 바빠서 두 사람이 공유한 삶을 즐기지 못한다면, 바빠도 너무 바쁜 것이다. 더는 할 말이 없다. 만약 두 사람이 서로를 즐기지 못한다면, 이는 단지 서로에게서 얻어 낸 것으로 다른 목적과 야망을 추구하는 것이나 마찬가지다. 당신에게 약속한 것을 전부 주지 않을 그런 목적과 야망에 말이다. 당신들은 유익이 아닌 것으로 밝혀질 무언가를 얻기 위해 서로를 이용할 수 있다. 그리고 그 과정에서 서로를 잃는다.

이 단락에서 먹고, 마시고, 옷 입고, 사랑하는 것이 하나님의 선물을 총망라한 목록이 아님을 깨닫는 게 중요하다. 오히려 이것은 삶을 사랑하고 삶을 한껏 사는 게 어떤 모습인지 보여주는 대표 목

죽음에서 깊이로

록이다. 이런 말이나 마찬가지다. 곧 세상을 만드실 때 하나님은 세상을 선하게 만드셨고, 제아무리 그리스도인이 되고 영적인 사람이 되더라도 하나님이 손과 음식과 음료와 문화와 관계와 아름다움이 어우러진 물리적 세계 속에 당신을 두셨다는 사실을 결코 바꾸지 못한다. 죄는 모든 것을 부수고, 모든 것을 왜곡한다. 이 말은 우리가 모든 것을 이해할 수는 없다는 뜻이다. 하지만 죄는 모든 것을 창조 이전으로 돌려놓지 못한다. 따라서 우리가 전도자의 세계관과 꼬리를 문 사고를 활용한다면, 이 목록은 이런 식으로 계속 확장될 것이다.

> 자전거를 타고, 그랜드캐니언을 보고, 극장에 가고, 작곡하는 법을 배우고, 환자를 방문하고, 임종 환자를 돌보고, 음식을 만들고, 배고픈 이들을 먹이고, 영화를 보고, 책을 읽고, 친구들과 함께 눈물 날 때까지 웃고, 축구를 하고, 마라톤을 하고, 바다에서 스노클 잠수를 즐기고, 모차르트 음악을 듣고, 부모님께 전화하고, 편지를 쓰고, 아이들과 놀고, 돈을 쓰고, 언어를 배우고, 교회를 세우고, 학업을 시작하고, 그리스도에 대해 말하고, 가보지 못한 어딘가를 여행하고, 아이를 입양하고, 재산을 포함하여 많은 것을 기부하고, 자신의 삶을 내려놓음으로써 다른 사람의 삶을 빚으라.[2]

당신은 이 목록에다 100개도 넘는 다른 방식을 덧붙일 수 있을 것이다. 적어도 몇 개라도 덧붙여 보기 바란다. 그리고 당신의 손이 무슨 일을 하든, 당신의 전부를 들여 그 일을 하라. 언젠가 일과 계획과 지식과 지혜가 중단될 테니, 할 수 있을 때 그 일을 하라. 자신이 죽어 가고 있음을 제대로 아는 사람이 가장 활기차게 살아가는 사람이다. 그들은 영원히 살기 위해 여기에 있지 않다. 그들은 지금을, 오늘을 살기 위해 여기에 있다. 또한 무엇보다 그들은, 여기서 다른 사람들과 함께, 또 그들을 위해 산다.

이것은 바로 지혜로운 노인이 젊은이에게 하는 말이다. 지혜로운 노인이 말한다. "내가 지금 알고 있는 것을 그때 알았더라면 다르게 살았을 텐데. 속도를 늦추었을 텐데. 아이들과 즐겼을 텐데. 어제까지만 해도 무릎 높이였던 아이들이 이제 훌쩍 커버렸어. 말하기보다 듣는 시간을 더 가졌을 텐데." 경험의 음성은 항상 이렇게 말하고, 여기 전도서에서 하나님의 음성도 우리에게 동일한 내용을 말한다.

물론 순전히 물리적인 이 모든 현실과 그리스도인다움이 서로 어떻게 연결되는지 이해하려면 혼란스러울 수도 있다. 삶과 세상이 일시적인 줄 알면서 사랑한다는 건 어떤 의미인가? 또 내가 하나님을 즐거워하며 그 무엇보다 먼저 그리스도를 위해 산다는 건 어떤 의미인가? 나는 이 두 가지가 더없이 아름답게 공존한다고 말하고 싶다. 그 이유는, 당신은 창조 세계에서 자신이 숭배하지 않는 것만 참으로 즐길 수 있기 때문이다.

섹스를 신으로 삼고 그것을 숭배하는 남성은, 실제로 정상적인 즐거움이 이내 불충분하고 부족하다고 느껴 도착적인 것만 즐기기 시작하는 습성에 사로잡힌다. 당연히 도착은 즐거움이 아니다. 가족을 신으로 삼고 자녀를 숭배하는 여성은, 가족들이 기대에 못 미쳐

실망을 안겨 주고 자기가 걸었던 온갖 기대를 성취하지 못하는 것을 발견하면 공허와 허탈에 빠진다. 당신은 앞서 나열한 이 세상의 좋은 것들 하나하나로 빈칸을 채울 수 있다. 당신이 하나님의 선물을 숭배할 때 그 선물은 자신이 약속한 것을 결코 전해 주지 못하고, 그 대신 공허하고 무너진 상태에 당신을 남겨 둘 것이다. C. S. 루이스의 표현처럼, "자연적인 사랑이 신이 되도록 용인하면, 그것은 사랑으로 남지 않는다. 그런 사랑은 여전히 사랑이라고 불리겠지만, 사실 복합적인 형태의 증오가 될 수도 있다."[3]

그런데 하나님을 경배하고 하나님을 신뢰하고 사랑하고 동행할 때, 우리가 깨닫는 바가 있다. 곧 하나님은 차가운 백색 방에 우리를 엎드리게 하고, 우리가 잘못할 때 매를 들려고 보좌에 앉아 기다리는 하늘의 노인이 아니시다. 결코 아니시다. 우리가 깨닫는 바는, 하나님이 우리를 그분의 나라로 기꺼이 맞아들이는, 우리가 즐길 가장 성대한 잔치를 벌여 환영하는 주인과 같으시다는 것이다.

하나님은 다양한 도구를 사용하여 하늘에 대한 향수를 품게 하시고, 9장에서 그분은 그 가운데 몇 가지 도구와 함께 일하기 시작하신다. 죽음과 질병과 불확실성과 재난과 슬픔과 비탄, 이 모두가 이 땅에서 안전을 추구하지 않도록 우리를 떼어 놓기 위해 하나님이 사용하시는 수단이다.

그런데 하나님이 주시는 선물도 마찬가지다. 하나님의 선물 역시 그게 너무 좋은 것이라서, 우리로 하여금 하늘에 대한 향수를 품게 한다. 나는 흥미롭게도 7-10절이 결혼 이미지, 곧 음식, 포도주, 흰옷, 기름, 남편과 아내와 같은 이미지로 가득하다는 점에 주목한다. 그 이유는, 삶이 우리에게 줄 수 있는 최고의 것에 대한 성경의 묘사는 장차 도래할 결혼 잔치의 맛보기이기 때문이다. 그 잔치의 아름다움과 장엄함과 영광은 말로 표현할 수 없다.

전도자가 내세에 대해 무엇을 알고 있는지를 우리가 정확히 말하기란 쉽지 않다. 앞서 보았듯이, 그는 분명 죽음 이후 심판의 현실을 믿었다. 그런데 놀랍게도 전도자는 '지금' 먹고 마시는 것을 중요하게 여긴다. 다른 많은 성경 구절은 '미래'에 먹고 마시는 것을 중요하게 여기는데 말이다. 이사야 25장은 모든 하나님의 백성이 주님이 마련하신 "골수가 가득한 기름진 것과 오래 저장하였던 맑은 포도주" 연회 음식을 먹을 그날을 내다본다(6절). 그날이 올 때, 우리가 최고급 음식을 삼키는 동안, 하나님은 "사망을 영원히 삼키실"(8절, 개역개정 성경에는 "멸하실"로 번역되어 있다―옮긴이) 것이다. 요한계시록은 어린양의 혼인 잔치를 내다보고(계 19:6-10), 주 예수님은 다가오는 하나님 나라의 성대한 연회에 대해 말씀하셨다(눅 14:15-24).

하지만 예수님은 미래의 잔치에 대해서만 가르치지 않으셨다. 데이비드 포드David Ford의 인상적인 표현에 의하면, "복음서에서 예수님은 정말이지 막무가내로 잡수셨다."⁴ 예수님과 음식이 함께 언급되는 횟수가 믿기 힘들 정도로 많다. 그 이유는, 예수님이 궁극적인 전도자, 참 지혜자이시기 때문이다. 그분은 전도서 저자가 우리에게 제시해 온 인생 비전의 구현인 동시에 완성이시다. 즉, 하나님의 선한 세계는 다른 사람과의 관계 속에서 즐기기 위해 존재하고, 우리는 나중에 함께 먹을 것을 기대하며 지금 먹고 마신다. 모든 음식은 앞으로 올 잔치의 맛보기, 애피타이저다.

그래서 나는 제프리 마이어스가 쓴 전도서 묵상집의 제목, 『안개 속의 식탁』*A Table in the Mist*이 이 책의 완벽한 요약이라고 생각한다. 우리는 먹고 마시면서, 수증기처럼 지상에서 사라진다. 하지만 언젠가 우리는 왕의 도성에서 먹고 마실 텐데, 그곳에서는 죽음이 지상에서 영원히 사라질 것이다. 우리는 죽음의 반대편, 하늘에서 이 번잡한 물리적 존재를 벗어던지고 더 높은 차원의 순전히 영적인 생명으로 들어갈 거라고 결코 생각하지 않아야 한다. 반대로, 성경은 마지막에 하늘의 도성이 **지상으로** 내려오고, 그 새 땅에서 하나님은 영원히 우리와 함께 사실 거라고 명확히 말한다(계 21:1-4). 하나님은 우리 눈에서 모든 눈물을 닦아 내실 것이다. 눈물은 더없이 현실적이고 물리적인 실체다.

C. S. 루이스의 말처럼, 마지막에 우리는 영적인 세계가 아니라 "더 깊은 나라"로 들어갈 것이다. 『마지막 전투』*The Last Battle*에서 아이들과 동물들은 옛 나니아에서 새 나니아로 이동하는데, 거기서는 "모든 바위와 꽃과 풀잎에 더 깊은 의미가 있는 듯 보였다."

> 모든 사람이 느끼고 있던 감정을 요약해 준 이는 바로 유니콘이었다. 유니콘은 오른쪽 앞발굽으로 땅을 구르며 울음소리를 내고 나서 이렇게 소리쳤다. "드디어 고향에 왔다! 여기가 진짜 내 나라다! 여기가 내가 있을 곳이다. 지금까지는 전혀 깨닫지 못했지만, 이곳은 내가 평생 동안 찾던 땅이다. 우리가 옛 나니아를 사랑했던 이유는 그곳이 가끔 이곳과 조금 비슷해 보였기 때문이다. …더 높이 올라자가! 더 깊이 들어가자!"[5]

그리스도가 없는 이들이 종종 먹고 마시는 데 탐닉하는 이유는, 그것만이 우리가 죽기 전에 해야 할 전부처럼 보이기 때문이다. 하지만 그리스도를 사랑하는 이들이 먹고 마시는 것을 중시하는 이유는, 그것이 우리가 죽은 뒤에 할 일과 약간 비슷해 보이기 때문이다.

이 선물은 진짜 나라로부터 온 것이다. 이 선물의 냄새와 맛과 느낌은 본향의 그것과 비슷하다.

토론과 개인 묵상을 위한 질문

1. 전도서의 메시지를 몇 문장으로 설명해 보라.

2. 일상생활에서 당신이 의지하는 소신은 무엇인가?

3. 깊고 무거운 삶의 불확실성을 통제하기 위해 당신과 주위 사람들은 어떤 전략을 사용하는가?

4. 우리 삶이 유한하다면, 이런 현실은 우리의 열망과 꿈에 어떤 영향을 미치겠는가?

5. 이 세상의 삶이 일시적인데도 이 삶을 사랑하는 것이 어떤 모습일지, 당신의 말로 이야기해 보라.

6. 오늘과 내일을 누리고 즐기기 위해 당신이 적극적으로 시도할 수 있는 일들은 무엇인가?

죽음에서 깊이로

8
무지할 때 알아야 할 것들

전도서 11:1-6

예수님은 지금껏 가장 위대한 지혜 교사이시다.

그것은 단지 예수님이 전도서의 지혜를 반복하시기 때문이 아니라,

실제로 그렇게 실행하시기 때문이다.

8

무지할 때
알아야 할 것들

하나님을 사랑하면서 당신이 기뻐하는 일을 하라.

아우구스티누스, 『요한일서 설교』*Homilies on the First Epistle of John*

1 너는 네 떡을 물 위에 던져라.

여러 날 후에 도로 찾으리라.

2 일곱에게나 여덟에게 나눠 줄지어다.

무슨 재앙이 땅에 임할는지 네가 알지 못함이니라.

3 구름에 비가 가득하면

땅에 쏟아지며

나무가 남으로나 북으로나 쓰러지면

그 쓰러진 곳에 그냥 있으리라.

4 풍세를 살펴보는 자는 파종하지 못할 것이요

구름만 바라보는 자는 거두지 못하리라.

⁵ 바람의 길이 어떠함과 아이 밴 자의 태에서 뼈가 어떻게 자라는지
를 네가 알지 못함같이 만사를 성취하시는 하나님의 일을 네가 알지
못하느니라.
⁶ 너는 아침에 씨를 뿌리고 저녁에도 손을 놓지 말라. 이것이 잘될는
지, 저것이 잘될는지, 혹 둘이 다 잘될는지 알지 못함이니라.

전도서 11:1-6

관점

당신은 어디에 서서 세상을 바라보는가?

우리는 모두 어느 한 지점에서 세상을 바라본다. 당신의 인생에
서 벌어지는 일을 바라보는 당신의 관점에 영향을 주는 것은 무엇
인가? 신문, 텔레비전? 당신은 어떤 관점에서 당신이 보고 경험하는
모든 것을 처리하는가?

물론 이 모든 것은 우리가 무엇에 대해 얘기하느냐에 따라 달라
진다. 우리는 고려하는 것에 따라 다른 관점을 취한다. 나는 맨체스
터 유나이티드 응원단의 관점에서 축구를 생각한다. 나는 먹기는 좋
아하지만 요리하기는 싫어하는 사람의 관점에서 음식을 바라본다.
물론 그것 말고도 인생에는 중요한 문제가 있다. 우리는 죽음에 대
해 어떤 관점을 채택해야 하는가? 우리는 인생 자체를 어떻게 바라

보아야 하는가?

성경의 지혜문학은 세상을 바라보는 우리의 시각을 바꾸고 우리의 관점을 본질적으로 변화시키기 위해 하나님이 사용하시는 한 가지 방법이다. 우리에게만 맡겨 두면 우리는 인생을 젊음과 아름다움, 성공, 경력, 개인적 행복의 관점에서 생각한다. 하지만 전도서는 인생을 죽음의 관점에서 생각하라고 가르친다. 무덤 곁에 서서 어떻게 살아야 하는지 배우라. 우리는 어디에 서서 젊음에 대해 생각해야 할까? 잠재력과 에너지와 활력을 갖는다는 건 어떤 의미일까? 다음 장에서 전도자는 노인이 서 있는 그 지점에서 젊음을 바라보라고 말한다.

전도서는 해 위 삶의 관점에서 해 아래 삶을 생각하라고 촉구한다. 하늘에는 하나님, 곧 의로운 자와 지혜로운 자를 손으로 붙드시는 지혜로운 사랑의 아버지가 계신다. 영원의 관점에서 시간에 대해 생각하라. 하나님이 모든 것과 모든 사람을 심판의 날로 이끄실 것이기에, 당신이 무엇을 하고, 또 어떻게 그 일을 하는지가 중요하다.

11장에서 전도자는 이렇게 묻는다. 당신은 인생에 관해 알지 못하는 것들을 어디에 서서 바라보는가? 인생에서 당신이 통제할 수 없는 것들에 대해 어떻게 생각하는가? 우리가 알지 못하는 게 있다는 건 이제 누구나 안다. 그런데 일반적으로는 이렇게 조언한다. 확실한 것을 바라보라, 우리가 아는 것을 바라보라. 그렇게 하면 우리가 알지 못하는 것에 대처하는 데 도움이 될 것이다.

하지만 전도서의 관점은 다르고 직관에 반한다. 전도자는 실제로 우리가 알지 못하는 것의 관점에서 우리가 아는 것을 바라보라

무지할 때 알아야 할 것들

고 말한다. 우리가 결코 알지 못할 확실한 사실이 있으며 그것을 알려는 시도를 중단해야 함을 깨달을 때, 알 수 있는 것을 보는 우리의 사고방식이 바뀐다. 삶의 불확실성은 삶의 확실성에 영향을 주어야 한다.

복잡한 말처럼 들리겠지만, 실은 아주 단순하다. 우리가 알지 못하는 세 가지와 우리가 아는 세 가지를 살펴보자.

우리가 알지 못하는 세 가지

1. 우리의 미래가 어떻게 될지 알지 못한다

1-2절에서는 우리가 미래를 알지 못한다고 말한다. 물에 던져진 떡과 일곱이나 여덟에게 몫을 주는 이상한 장면이 있다. 이에 대해서는 곧 살펴보겠으나, 다만 지금은 불확실성의 어감이 강조되고 있음을 주목하라. 즉, 당신은 땅에 어떤 재난이 임할지 알지 못한다. 구름과 나무와 비와 바람 등에 관한 다음 구절을 통해 저자가 우리에게 말하는 바는 이것이다. 곧 확실한 것은 피할 수 없지만 우리는 징조를 읽을 수 있고, 삶은 대개 반복되는 패턴을 따르지만 결국 우리는 어떤 일이 일어날지 정말 알지 못한다는 것이다. 우리는 대개 비가 내린다는 사실은 알지만, 홍수가 있을지 여부는 예측할 수 없다.

"사랑을 받는지 미움을 받는지 사람이 알지 못하는 것은 모두 그들의 미래의 일들임이니라"(9:1). 당신은 도무지 미래를 예측할 수 없다. 우리가 예상하지 못한 그때 재난이 임한다. 2009년 4월

1일, 남성 16명이 북해 석유 굴착 플랫폼에서 헬리콥터에 올라 애버딘으로 귀환하려고 했지만 결국 돌아오지 못했다. 이 비극적 사건은 내가 살던 지역 사회를 뒤흔들어 놓았다. 가끔 우리는 죽음을 준비할 시간을 얻는다. 오랜 질병 덕에 작별 인사를 하는 경우다. 가끔 어떤 사람은 우유를 사러 달려 나가다가 재난을 당한다.

우리는 미래를 알 수 없다는 사실을 관념으로 이해한다―그럼 그렇지. 하지만 현실에서 우리는 종종 반대가 사실인 것처럼 산다. 우리는 이 주간의 계획을 세우고, 외식, 주말 나들이, 친구 방문, 학부모 상담 모임 등 다음 달에 할 일을 달력에 표시한다. 이게 우리가 일하는 방식이고, 당연한 노릇이다. 하지만 당신은 이런 일들을 실행할 수 있을지 여부를 '정말' 모른다는 사실을 마음에 품고 있던 적이 있는가? 아마 아닐 것이다. 이것을 인식할 때 우리의 일하는 방식에 어떤 차이가 생길까?

2. 하나님만 하실 수 있는 일이 어떻게 이루어질지 알지 못한다

우리가 알지 못하는 두 번째 일이 여기 있다. "만사를 성취하시는 하나님의 일을 네가 알지 못하느니라"(5절). 하나님만이 하실 수 있는 일이 어떻게 이루어질지 우리는 알지 못한다.

바람이 많이 부는 탁 트인 장소에 풍력 발전 단지를 건설할 수 있다고 해서 바람 부는 길목을 실제로 볼 수 있는가? 당신은 바람이 어디에서 시작되어, 어떻게 생성되었고, 어디로 가는지 아는가? 모태 속 태아의 3D 디지털 초음파 이미지를 찍는다 해서, 세포가 어떻게 정확한 시점에 정확한 방법으로 분열하여 이 부분은 발가락이 되

181   무지할 때 알아야 할 것들

고 저 부분은 귀가 되는지 알 수 있는가? 생명은 실제로 어떻게 시작되는가?

전도자는 하나님만이 어떻게 이루어지는지 아시는 확실한 일들이 인간의 모든 수고 가운데 있다고 말한다. 노력은 우리가 할지라도 이루시는 분은 하나님이시다. 하나님이 폭풍우 가운데서 욥에게 말씀하셨을 때, 동일한 생각이 욥기에서 가장 아름답고 인상적으로 표현된다.

> 네가 너의 날에 아침에게 명령하였느냐?
>
> 새벽에게 그 자리를 일러 주었느냐? …
>
> 어느 것이 광명이 있는 곳으로 가는 길이냐?
>
> 어느 것이 흑암이 있는 곳으로 가는 길이냐?
>
> 너는 그의 지경으로 그를 데려갈 수 있느냐?
>
> 그의 집으로 가는 길을 알고 있느냐? …
>
> 네가 번개를 보내어 가게 하되
>
> 번개가 네게 "우리가 여기 있나이다" 하게 하겠느냐(욥 38:12, 19-20, 35).

이 모든 수사적 질문의 효과는, 욥이 매번 "나는 모릅니다"라고 대답할 때마다 하나님만이 "내가 안다"라고 대답하실 수 있음을 깨닫는 것이다. 하나님은 욥을 세상과 하늘의 가장자리 여행에 데려가심으로써, 사람이 협소한 사고와 불완전한 감각 기관으로 파악할 수 있는 것과 대조되는 하나님의 심원한 지식을 욥에게 가르치신다. 하나님은 욥에게 이렇게 질문하신다. "내가 아는 바를 네가 알지 못하는데, 어떻게 네가 아는 것에 근거해 나를 비난할 수 있겠느냐?"

신자들은 해 아래 살면서, 자신들이 모르는 게 있음을 안다는 사실에서 기꺼이 위안을 얻는다. 우리는 엄청난 고통을 겪으면서 무지에 깊이 만족하는 법을 배우는 것 같다. 전부 안다는 것은 존재하는 모든 것을 아는 것, 그것도 모든 방면에서 또한 모든 정확한 시점에 알고 있어서, 온갖 관련 데이터를 전부 내 앞에 갖고 있다는 뜻이다. 그런데 이런 식의 세상 통제는 전도서가 포기하라고 가르쳐 왔던 것이다. 나는 알 수 없기에 반드시 알 필요도 없다. 알려고 하는 것, 혹은 아는 척하는 건 지혜가 아닌 어리석음이다.

3. 어떻게 성공이 보장되고 실패를 피하는지 알지 못한다

"이것이 잘될는지, 저것이 잘될는지, 혹 둘이 다 잘될는지 알지 못함이니라"(6절). 우리가 하는 일에서 성공을 거두는 것은 아마 인생의 주된 목적 가운데 하나일 것이다. 누구도 실패를 목적으로 삼지 않는다. 우리는 자신의 일이 형통하기를, 정말 어떤 의미가 있기를 바란다. 우리는 어떤 일의 성취를 갈망한다. 하지만 궁극적으로 우리가 하는 일이 목표에 적중하여 수용될지 아니면 목표에 미치지 못해 실패할지 우리는 알지 못한다. 도시의 유망한 직업, 제대로 된 회사, 정확한 예측 등 많은 사람이 어마어마한 새 모험에 착수했다가 실제로 그 일을 시행해 보기도 전에 실직 상태에 놓이고 만다. '기막히게 잘 짠 계획', 그게 전부다.

이제 전도자는 우리가 알지 못하는 이 세 가지를 갖고 이런 일을 하기 원한다. 곧 우리가 이 세 가지 사실을 꽉 붙들고 전도자가 있는 곳으로 걸어가, 세상을 바라보는 그의 시각에 맞춰 세 가지 사실을 이해하고, 이 세 가지 사실이 우리에게 가르치는 지혜를 얻는 것이다. 하나님이 깨닫게 하신 당신의 무지를 고려하는 가운데, 이제 당신의 인생과 당신이 알고 있는 바를 다시 바라보라.

여기 우리가 깨달을 수 있는 것이 있다.

우리가 아는 세 가지

1. 지혜로운 삶은 재산에 구애받지 않는다

11장 첫머리로 돌아가 보자.

> 너는 네 떡을 물 위에 던져라.
> 여러 날 후에 도로 찾으리라.
> 일곱에게나 여덟에게 나눠 줄지어다.
> 무슨 재앙이 땅에 임할는지 네가 알지 못함이니라(1-2절).

이것은 상당히 수수께끼 같은 구절로, 주석자 수만큼이나 많은 견해가 존재한다. 하지만 나는 각 절의 동사에 실마리가 있다고 생각한다. 네 떡을 "던져라"(cast)—문자적으로 해석하면 '내보내라'(send out, 1절). 그런 다음 '주어라'(give, 2절). 내가 떡을 갖고 있으니, 그것을 내보내라고 말한다. 내가 몫을 갖고 있으니, 그것을 일곱이나 여덟에게 주라고 말한다. 이 숫자는 몫을 후하게 주어야 한다는 표현이다. 성경에서 일곱은 완전수이고, 따라서 일곱에게 또 그 뒤에 여덟에게 주는 것은 완전히 주고, 그런 다음 조금 더 주는 것이다. 오늘날 우리 같으면, "최대한으로 주라"라고 했을 것이다.

이 말이 해상무역 같은 사업과 장사에 관한 것이든 단지 삶 전반에 관한 것이든, 핵심은 이것이다. 곧 미래는 불확실하기 때문에 우리가 하는 일에 위험이 뒤따르지만, 그 위험은 위축시키기 위한 게 아니다. 도리어 불확실성은 우리가 하는 일을 관대하게 마음껏 하라는 뜻이다. 당신은 어떤 재난이 닥칠지, 언제 닥칠지 모르니 주고 또 주고, 당신의 소유에 구애받지 않음으로써 최선을 다해 재난에 대비하라.

이것이 성경의 단순한 지혜다. 주 예수님 스스로 이것을 이해하지 못한 사람의 모습을 생생히 묘사함으로써 이런 지혜를 보여주신다. 인생의 소유에 구애받는 사람은 지혜롭지 못하다. 그는 어리석은 자다.

또 비유로 그들에게 말하여 이르시되 "한 부자가 그 밭에 소출이 풍성하매 심중에 생각하여 이르되 '내가 곡식 쌓아 둘 곳이 없으니 어찌할까?' 하고 또 이르되 '내가 이렇게 하리라. 내 곳간을 헐고 더 크게 짓고 내 모든 곡식과 물건을 거기 쌓아 두리라. 또 내가 내 영혼에게 이르되 영혼아, 여러 해 쓸 물건을 많이 쌓아 두었으니 평안히 쉬고 먹고 마시고 즐거워하자 하리라' 하되 하나님은 이르시되 '어리석은 자여, 오늘 밤에 네 영혼을 도로 찾으리니 그러면 네 준비한 것이 누구의 것이 되겠느냐?' 하셨으니 자기를 위하여 재물을 쌓아 두고 하나님께 대하여 부요하지 못한 자가 이와 같으니라"(눅 12:16-21).

우리가 저지를 수 있는 가장 비참한 실수 가운데 하나는, 마치 우리가 미래를 예측할 수 있기나 한 듯 자신의 인생이나 부, 재산에 대해 생각하는 것이다. 예수님은 그럴 수 없다고 말씀하신다. 그러니 지금, 할 수 있을 때 하나님께 부자가 되어라. 다음 주에 재난이 닥쳐 당신의 부를 앗아간다면, 그 부가 무슨 소용이 있겠는가?

이것이 어떻게 작동하는지 주목하라. 이것은 단순히 장기적인 관점을 갖고 목전의 상황을 바라보는 경우가 아니다. 그런 면이 있지만, 그것을 훨씬 넘어선다. 월스트리트의 재정고문이라면 누구나 장기적인 시각을 가지라고 말할 것이다. 현명한 친구라면 누구나 미래는 불확실하니 계란을 한 바구니에 넣지 말고 위험을 분산시켜야 한다는 점을 상기시킬 것이다. 또한 어떤 사람은 이렇게 말할 것이다. "미래는 불확실하니 먼저 디저트를 먹어라. 당신은 여든까지 살 수 없을 텐데, 모으고 모으고 또 모으는 이유가 대체 뭔가? 지금 사용하고, 할 수 있을 때 즐겨라." 반면 전도자가 하는 말은 이렇다. "미래는 불확실하니, 당신의 디저트를 나누어 주고, 또 나누어 주어라. 삶에 구애받지 말고 당신의 삶을 나누어 주어라. 당신의 재산에 구애받지 말고, 그것을 나누어 주어라."[1]

전도서 저자는 타인을 위해 실천하는 지혜로운 관대함에 대해 얘기하고 있다. 이것은 주 예수님의 가르침에서 놀랍게 펼쳐지는 생각이다. "누구든지 나를 따라오려거든 자기를 부인하고 자기 십자가를 지고 나를 따를 것이니라. 누구든지 자기 목숨을 구원하고자 하면 잃을 것이요 누구든지 나와 복음을 위하여 자기 목숨을 잃으면 구원하리라"(막 8:34-35). 이것은 그리스도의 나라에 있는 거꾸로 뒤집힌 삶의 논리다. 곧 영광을 향해 올라가는 길은 고난을 향해 내려가는 길이다. 무엇을 발견하는 길은 그것을 잃는 것이다. 무엇을 얻는 길은 그것을 주는 것이다. 예수님이 친히 말씀하셨다. "솔로몬보다 더 큰 이가 여기 있다"(눅 11:31). 예수님은 지금껏 가장 위대한 지혜 교사이시다. 그것은 단지 예수님이 전도서의 지혜를 반복하시기 때문이 아니라, 실제로 그렇게 실행하시기 때문이다. "내가 진실로 진실로 너희에게 이르노니 한 알의 밀이 땅에 떨어져 죽지 아니하면 한 알 그대로 있고 죽으면 많은 열매를 맺느니라"(요 12:24). 예수님 자신의 죽음은 삶을 완전히 내어 주신 것이고, 이로써 다른 사람에게 생명을 주셨다. 또한 이것이 우리의 삶의 모범이다. "자기의 생명을 사랑하는 자는 잃어버릴 것이요 이 세상에서 자기의 생명을 미워하는 자는 영생하도록 보전하리라"(요 12:25).

당신이 다른 데서 듣지 못할 지혜가 여기 있다. 당신이 소유한 가장 좋은 것과 최고의 인품을 아낌없이 나누어 주라. 하나님과 다른 사람들에게 대범하게 내어 주라. 세속적인 지혜는 재난에 대비하기 위해 곳간과 창고를 지으라고 한다. 성경의 지혜는 가정의 창과 문을 활짝 열어 학교와 병원과 교회를 세우고, 부유한 그리스도인들이 이전 어느 때보다 훨씬 더 가난해지라고 한다. 전도서식 지혜, 그리스도를 닮은 지혜는 자기 인생을 세상 속 삶에 할애하는 신자들을 키워 낸다. 물론 죽지 않으려고 그러는 건 아니다.

던지거나 내보내려면, 즉 최대한으로 주려면 비용이 들어간다. 비용이 들어갈 때에야, 자기가 무슨 일을 하는지 인식할 것이다. 이 일을 시작하는 방법은, 마음속으로 꼭 있어야 한다고 생각하는 것을 찾아내 나누는 것이다.

우리 중에는 돈을 아주 단단히 거머쥔 사람이 있다. 잔고가 줄어들면 그들은 공황과 공포가 시작된다. 손가락을 펼치기 시작할 때 돈을 나누어 줄 수 있고, 나누어 줄 때 하나님께 부자가 된다. 어떤 사람은 시간이 그런 대상이다. 우리는 이렇게 말한다. "'나'를 위한 시간이 필요해. 나는 내성적이야. 나는 홀로 재충전해야 해." 그렇지만 당신 공간 안에 다른 사람을 두기 시작할 때 당신은 응급 상황에 대처할 수 있음을 깨달을 것이다. 당신에게 앰뷸런스가 필요하지 않을 것이다. 세상은 끝장나지 않고, 당신은 생존한다. 당신보다 더 궁핍한 다른 사람에게 나누어 줄 때, 그러기 위해 당신을 죽일 때, 당신은 실제로 마음속에서 새로운 삶이 자라나는 것을 발견할 것이다. 당신이 예상했거나 심지어 찾지 않았던 그런 새로운 삶 말이다. 당신 세계의 지평이 확장되기 시작한다. 당신이 가장 중요하다고 여기는 일들이 변하기 시작한다.

성경의 관점, 지혜로운 관점은—우리는 예측 가능성과 편의성, 위안, 생명권과 행복권의 관점에서 사고하는 데 너무 익숙해 있고 성경보다 이런 것들을 더 많이 믿으므로 지나치게 냉정하게 들리겠지만—당신이 내일 이맘때쯤 죽을 수도 있다는 것이다.

그렇다면, 당신의 돈과 당신의 가정, 당신의 시간, 당신의 은사, 다시 말해 당신의 인생으로 무엇을 할 수 있었을까?

2. 지혜로운 삶은 성공도 실패도 최종 목표가 아니다

성공보다 더 나은 일, 세상에서 출세하는 것보다 더 중요한 일이 있고, 실패보다 더 나쁜 일도 있다. 우리는 마음의 큰 욕망 중 하나로 성공을 갈망한다. 직장의 성공, 결혼 생활의 성공, 취미 생활의 성공, 행복한 퇴직의 성공. 반대로, 우리 중에는 전심으로 실패를 두려워하는 사람이 있다. 어떤 일에서 대대적인 실패를 경험하는 것은 우리에게 일어날 수 있는 최악의 일일 것이다. 해고, 구조 조정, 낙방, 부정적인 평가, 헛수고가 된 투자. 이로써 우리의 삶도 헛수고가 된다.

전도자는 성공에 대한 우리의 애착과 실패에 대한 두려움을 아주 지혜롭게 다룬다. 6절에서 전도자는 우리가 성공을 목표로 삼아야 한다고 말한다. 그렇게 하는 길은 한 가지 재능만 구사하는 재주꾼이 되지 않는 것이다. 당신은 인생에서 어떤 일이 일어날지 알지 못하기에 유사시를 대비해 한 가지가 아닌 두 가지를 준비해 두어야 한다. 당신은 아침에 뿌린 씨가 자라기를 바라면서, 매일 저녁 DVD 영화만 보지는 않을 것이다. 그러면 씨가 열매 맺지 못할 것이기 때문이다. 전도자는 달걀을 한 바구니에 전부 담지 말고, 여러 가지 일을 진행시켜, 여기서 어떤 일이 잘못될 때 저곳에서 다른 일이 진행되게 하라고 말한다. 성공은 **분명** 실패보다 낫다. 불가피한 실패에 본질적으로 선한 것은 하나도 없다.

어떤 사람은 항상 은퇴를 바라보며 일하지만, 실제로 은퇴하면 도리어 은퇴를 증오한다. 그들이 깨닫지 못하는 바가 있다. 그들은 자신들의 일과 자신들의 정체성 모두를 서서히 결부시킨 결과, 일

무지할 때 알아야 할 것들

이 없으면 침체되어 인생의 목적을 전혀 깨닫지 못한다. 내 생각에 이런 위험은 특히 남성에게 심각하다. 우리는 대부분 한 가지 트랙만 갖는다. 일, 일, 일. 일하다 집으로 와서 쉬고, 잠자고, 다시 일하기를 반복한다. 전도서는 세상이 우리가 인식하는 것보다 훨씬 크다는 점을 상기시킨다. 해야 할 일이 한 가지만 있는 게 아니다. 오직 단 한 가지만을 위해 살지 말라. 그것이 실패할 때, 당신의 삶도 실패할 테니.

동시에 전도자가 하는 말에는 이보다 깊은 의미가 있다.

> 구름에 비가 가득하면
> 땅에 쏟아지며
> 나무가 남으로나 북으로나 쓰러지면
> 그 쓰러진 곳에 그냥 있으리라.
> 풍세를 살펴보는 자는 파종하지 못할 것이요
> 구름만 바라보는 자는 거두지 못하리라(3-4절).

인생에는 필연성이 있다. 구름은 비가 내릴 거라는 징조다. 인생에는 의외성도 있다. 나무가 여기저기 쓰러질 때 우리가 할 수 있는 일은 아무것도 없다.

어떤 사람은 필연성만 본다. 이게 만물의 이치고, 우리가 계속 올바른 일을 한다면 성공은 보장된다고 믿는다. 어떤 사람은 위험과 실패 가능성만 보는 경향이 있어 아무 일도 하지 않는다. 하지만 전도자는 다시 한 가지 중심 메시지로 우리를 쿡 찌른다. 즉, 인생의 성공이나 실패보다 더 나쁜 것은 애초에 삶을 몰이해하는 것이다. 우리는 실패의 두려움에 위축되어 아무것도 시도하지 않는다. 우리는 성공하려는 욕망에 이끌려 단 한 가지에만 집중한다.

영화 「브레이브하트」 결말부를 보면, 윌리엄 월리스가 사형 집행인을 만날 준비를 하는 중에 프랑스의 이사벨라 공주가 그의 임박한 고문과 죽음의 고통을 잠재우려고 마취약을 건넨다. 하지만 그는 마취약을 마시지 않겠다고 거절한다.

"당신은 죽을 거예요. 끔찍하게요." 그녀가 말한다.

"사람은 누구나 죽지요." 월리스가 대답한다. "모든 사람이 진정으로 살아 있는 건 아니죠."

죽음보다 더 나쁜 일이 있음을 믿을 때, 당신의 삶에 어떤 차이가 생길지 궁금하다. 하나님이 만든 세상에서 정말 살아 있지 않은 것처럼 사는 게 더 나쁘다고 실제로 믿을 때, 어떤 차이가 생길까? 커밍스E. E. Cummings는 죽지 않은 상태가 살아 있는 상태는 아니라고 말했다. 전도자가 우리에게 하는 말에 의하면, 일종의 죽지 않은 상태의 삶이 있다. 곧 성공에만 매달려 활력을 얻지만 예측 불가능한 일에 대한 여지가 전혀 없는 삶, 혹은 오직 예측 가능한 일의 여지만 있고 실패 가능성에 눈감은 삶이다. 이것은 진정으로 살아 있는 게 아니다.

삶은 수익이 아니라 선물이다. 수고를 통해 이윤을 얻으려는 노력을 포기하고, 하나님이 당신에게 주신 것들을 그대로 누리려고 애써 보라. 이렇게 할 때, 당신은 상당한 보상을 받을 것이다. 만약 당신이 하려는 일이 당신 삶을 통제하는 것, 당신 삶을 계획하여 온갖

무지할 때 알아야 할 것들

위험과 온갖 실패에서 자신을 보호하려는 것이라면, 당신이 잊은 사실이 있다. 곧 하나님만 통제하실 수 있는 것을 당신은 통제할 수 없다는 사실이다. 당신은 예상 밖의 보상을 되돌려 주는 일을 하는 기쁨을 결코 알지 못할 것이다.

사도 바울의 말에 의하면, "적게 심는 자는 적게 거두고 많이 심는 자는 많이 거둔다"(고후 9:6).

3. 지혜로운 삶은 그 자체가 보상이다

11장에 명시되지는 않았지만 이 구절 저변에 자리 잡은 전도자의 신념은, 인생의 보상이 우리가 종종 있을 거라고 짐작하는 곳에 자리 잡고 있지 않다는 것이다.

우리는 종종 우리 삶이 우리의 것이고, 하나님은 우리에게 선물을 주시며, 이제 우리는 더 많은 보상을 경험하기 위해 하나님의 선물을 사용해야 한다고 생각한다. 그래서 하나님은 음식과 물, 일, 우정을 선물로 주시고, 우리는 추가 보상을 얻기 위해 이런 것을 사용해야 한다고 생각한다. 우리는 부나 성공의 선물을 얻기 위해 일을 이용한다. 하지만 전도자는 이건 아니라고 말한다. 일이 당신을 부유하게 만들든 그렇지 않든 관계없이, 당신의 일 자체가 그냥 누려야 할 선물이다. 우리는 배를 채우고 불만족을 제거하기 위해 음식과 물을 이용하고, 이로써 그날의 정말 중요한 일을 해나간다. 전도자는 다시 말한다. 아니다, 속도를 늦추고, 주위에 친구들을 두고, 고급 포도주를 따고, 당신이 하고 있는 일을 즐기라. 우정은 당신의 확신이나 안정감 혹은 자아상을 강화하여, 당신 삶에 무언가를 이루게 하기 위해 존재하는 것이 아니다. 사람들을 그런 식으로 이용하지 말라. 당신의 친구들 자체가 선물이다.

풍성한 삶이란, 자격 없는 당신에게 하나님이 즐기라고 주신 선물을 오늘의 보상으로 받아들이는 것이다. 언젠가 그것이 불가능한 날이 있을 것이다. 죽음이 다가오고 있다. 그러니 할 일 리스트(do list)가 아닌 죽기 전에 꼭 하고 싶은 일을 담은 버킷리스트(bucket list)를 실천하라. 우리 모두에게는 할 일 목록이 있다. 애견에게 먹이를 주고, 은행에 가고, 쇼핑을 하고, 배관공에게 전화를 걸고…. 하지만 전도서는 버킷리스트를 실천하라고 촉구한다.

혹시 당신에게 버킷리스트가 없는 것이, 그런 일이 결코 일어나지 않을 거라고 생각하거나 성공하지 못할까 봐 두려워서는 아닌가?

버킷리스트가 있다면, 그 일을 실천하라. 어떻게든 시도해 보라. 당신의 삶은 한 번뿐이다. 그러니 지금 그렇게 살라.

토론과 개인 묵상을 위한 질문

1. 인생을 바라보는 당신의 주된 관점은 무엇인가? 자신의 경험인가?

2. 미래에 대한 확실한 예측은 당신 삶에 얼마나 깊은 영향을 주었는가?

3. 오직 예측 가능한 일의 여지만 삶에 허용함으로써 스스로

무지할 때 알아야 할 것들

실패의 두려움을 회피하고 있지는 않은가? 당신은 이것을 바꿀 수 있겠는가?

4. 가까이에 있는 사람이 바로 하나님이 주신 선물임을 깨달았던 적은 최근 언제인가?

5. 하나님이 당신의 버킷리스트에 반대하시지 않는다는 사실이 생소한가? 당신의 버킷리스트를 실천하면서도 하나님을 시야에서 놓치지 않을 수 있는 방안이 있겠는가?

9
한 발은 무덤에

전도서 11:7-12:8

줄거움은 하나님의 선물이고,
그분의 다른 모든 선물과 마찬가지로
그것을 갖고 우리가 했던 일에 대해 하나님께 설명할 책임이 우리에게 있다.

9

한 발은 무덤에

모든 노인 안에는 지나간 일을 궁금히 여기는 청년이 있다.

테리 프래쳇, 『타임스』에서 인용

7 빛은 실로 아름다운 것이라. 눈으로 해를 보는 것이 즐거운 일이로다.

8 사람이 여러 해를 살면 항상 즐거워할지로다. 그러나 캄캄한 날들
이 많으리니 그날들을 생각할지로다. 다가올 일은 다 헛되도다.

9 청년이여, 네 어린 때를 즐거워하며 네 청년의 날들을 마음에 기뻐
하여 마음에 원하는 길들과 네 눈이 보는 대로 행하라. 그러나 하나
님이 이 모든 일로 말미암아 너를 심판하실 줄 알라.

10 그런즉 근심이 네 마음에서 떠나게 하며 악이 네 몸에서 물러가게
하라. 어릴 때와 검은 머리의 시절이 다 헛되니라.

12:1 너는 청년의 때에 너의 창조주를 기억하라. 곧 곤고한 날이 이르

기 전에, 나는 아무 낙이 없다고 할 해들이 가깝기 전에 2 해와 빛과 달과 별들이 어둡기 전에, 비 뒤에 구름이 다시 일어나기 전에 그리하라. 3 그런 날에는 집을 지키는 자들이 떨 것이며 힘 있는 자들이 구부러질 것이며 맷돌질하는 자들이 적으므로 그칠 것이며 창들로 내다보는 자가 어두워질 것이며 4 길거리 문들이 닫혀질 것이며 맷돌 소리가 적어질 것이며 새의 소리로 말미암아 일어날 것이며 음악하는 여자들은 다 쇠하여질 것이며 5 또한 그런 자들은 높은 곳을 두려워할 것이며 길에서는 놀랄 것이며 살구나무가 꽃이 필 것이며 메뚜기도 짐이 될 것이며 정욕이 그치리니 이는 사람이 자기의 영원한 집으로 돌아가고 조문객들이 거리로 왕래하게 됨이니라. 6 은줄이 풀리고 금그릇이 깨지고 항아리가 샘 곁에서 깨지고 바퀴가 우물 위에서 깨지고 7 흙은 여전히 땅으로 돌아가고 영은 그것을 주신 하나님께로 돌아가기 전에 기억하라. 8 전도자가 이르되 "헛되고 헛되도다. 모든 것이 헛되도다."

전도서 11:7-12:8

갇힐 것인가? 빚어질 것인가?

나이 들면 몸과 내면의 자아가 분리되면서, 몸은 늙어 가는데 내면은 젊음을 유지한다. 거울과 마음, 곧 우리가 다른 사람에게 어떻게 보이느냐 대 우리가 자신에 대해 어떻게 생각하느냐의 분열은 우리에게 실망감을 남기고, 팔다리로 수월하게 해왔던 일을 간신히 해나가기 시작하면서 현실 부정이 자리 잡는다. 이 과정에서 사람들은 놀란 눈을 깜박거리며 삶의 속도에 당황한다. 정말 제정신을 잃은 듯, 삶이 결말을 향해 질주하기 때문이다. 젊음은 아주 신속히 사라진다. 그리고 노년에 접어드는 것은 온갖 어려움과 고통, 슬픔에 시달리는 계절에 다다르는 것이다.

우리 사회는 이 불가피한 쇠락을 여러 가지 방법으로 처리한다. 뷰티 산업 마케팅에서 서구 문화는 나이 드는 현실을 부정하려고 애쓰고, 젊음과 아름다움을 미화하면서 전성기 운동 선수에게 큰 영예를 돌린다.

더 극단적인 반응도 있다. 라스베이거스의 세네제닉스Cenegenics Medical Institute는 자기 단체를 세계에서 가장 거대한 '노화 관리 기업'이라고 설명한다. 이 단체는 아주 두둑한 수익을 얻기 위해 당신이 몸에 가급적 오래 돈을 쓰도록 돕는다. 이 단체는 가능한 한 오래 살도록 돕기 위해 당신을 먹이고, 훈련시키고, 관리하고, 당신에게 처방을 내리고, 당신을 순응시킨다. 이 세계관에서 몸은 당신이 소유한 최고의 상품이고, 당신은 그 안에서 가능한 한 오래 사는 것을 목표로 삼아야 한다. 이런 활동에 몰두한 사람은 '어모털족'(amortals, 죽을 때까지 젊은 시절과 똑같이 살아가려는 사람─옮긴이)이 되려고 한다. 불가피한 죽음을 중심으로 자신의 삶을 구성하는 대신 "그들은 죽음을 무시하는 편을 선호한다."[1]

다른 한편, 살아 있긴 하지만 마음과 몸이 물리적으로 악화되는 트라우마를 정면으로 다루는 훌륭한 책과 영화가 있다. 2001년 영화 「아이리스」는 영국 철학자요 소설가 아이리스 머독Iris Murdoch이 삶에서 경험한 치매의 참상을 그렸다. 이 영화가 더욱 감동적인 것은 아이리스와 그녀의 남편 존 베일리의 관계를, 그녀가 질병에 걸려 쇠락해 가는 최초 시기부터 모든 단계를 거치며 보여주는 데 있다. 줄리안 무어Julianne Moore는「스틸 앨리스」에서, 조기 발병한 알츠하이머병의 영향을 해결하려고 애쓰는 한 걸출한 교수를 가슴 저리게 연기하여 마땅히 오스카상을 탔다.

하지만 유머도 있다. 텔레비전 시리즈「한 발은 무덤에」One Foot in the Grave의 빅터 멜드류는 과도한 짜증으로 에피소드마다 유머를 주는 성미 고약한 영감이다. 우리는 멜드류가 어떤 청년이었는지 알지 못하지만, 후반부 인생에서 우리가 보는 그의 모습은 시종일관 우울하고 변덕스러우며, 자신의 삶과 사람 자체에 실망해 있다. 그리고 잘못된 건 항상 자기 말고 다른 모든 사람이다. 그의 유일한 활력소는 세상의 상태에 대해 드러내는 그의 강렬한 짜증과 격앙이다. 그는 삶의 선함과 삶이 부어 주는 축복을 전혀 보지 못한다. 그의 삶은 죽음 속에 갇혀 있다.

지금쯤 독자들은 이 장 제목에 담은 나의 의도가 빅터 멜드류의 세계관과 크게 다르다고 당연히 받아들일 것이다. 나이 듦은 그를 엇나간 인물로 만들었다. 곧 무덤에 있는 한 발과 나머지 발이 합쳐질 때까지 결코 행복하지 못할 그런 인물이다. 전도자는 우리에게 죽음에 갇혀 살기보다 죽음에 의해 빚어진 삶을 살라고 가르쳐 왔다. 나이 듦과 죽음의 고뇌에 대해 속이 후련할 정도로 현실적인 메시지를 담고 있지만, 전도서의 현실주의는 절망과 손잡지 않는다.

이제 숙고할 단락에서 전도자는, 노인이 되는 것에 대한 전도자의 현실주의로 인해 젊은이에게 명령하는 위치에 선다. 다가오는 내 몸의 쇠락이 내 몸의 현재 작용에 영향을 주어야 한다. 나의 확실한 죽음은 나의 현재 삶에 활력을 주어야 한다. 한 발을 무덤에 두는 것은 다른 발을 삶의 길 위에 놓는 것이다.

나이 듦에 대한 성경의 현실주의는 긴급한 동시에 차분하다. '기뻐하라!'는 긴급한 명령과 '기억하라!'는 차분한 명령이 함께 나오기 때문이다.

1. 심판이 다가오고 있으니 기뻐하라는 긴급한 현실주의

이 단락은 전도서 에필로그의 서곡이다. 이 단락은 전도서의 중심 주제에 집중하되, 12:8-14에서 전도자가 최종 결론을 진술하기 전 생생한 시적 아름다움을 곁들인다. 전도자는 자연과 세상의 순환적 패턴을 담은 시로 시작했고, 이제 마지막에 다다르는 개인의 삶에 내재한 보편적 패턴을 담은 또 하나의 시로 마무리해 간다. 1장에서 세대는 왔다가 가지만, 땅은 영원히 남는다. 여기 12장에서 젊은이가 나이 들어 땅의 티끌로 돌아갈 때, 우리는 그 실제 모습이 무엇과 같은지 본다.

이 본문이 말하는 청년이 상대적 개념임을 주목하는 게 중요하다. 11:8은 전 생애에 걸쳐, "사람이 몇 해를 살든"(however many years anyone may live, NIV) 즐거움을 추구해야 한다고 말하기 때문이다. 사실 '청년'이라는 말을 통해 전도자는 12:3-8에 묘사된 인생 단계, 몸과 마음이 노후의 쇠락 과정에 아직 들어가지 않은 모든 사람을 가리킬 것이다. 지금까지 우리가 살펴보았듯이, 결국 이렇게 티

한 발은 무덤에

끌로 돌아간다는 사실은 아직 기회가 있을 때 양손으로 삶을 붙들어야 할 이유임을 전도자는 알고 있다.

데렉 키드너Derek Kidner는 11:7의 주제가 "살아 있음의 축복"이라고 말한다.[2] 의미심장하게도, 해와 빛의 즐거움을 소개할 때 이것은 이 본문에 나오는 여러 창조 이미지 가운데 첫 번째다. 전도자는 아름다운 여름날의 열기를 듬뿍 받으면서 우리 몸에 쏟아지는 온기를 느껴 보게 한다. (스코틀랜드 애버딘에서 산다는 것은 해를 보는 게 일상의 사건이 아님을 의미한다. 이런 장면을 볼 때면 더없이 기쁘다!) 전도자는 선하신 하나님이 선한 세상을 만드셨다고 재차 말한다. 우리가 살아가면서 그 선함과 일렁이는 영광을 보지 못하는 것이야말로 최악의 어리석음이다.

아이 없는 부부가 신혼 기간을 허비하듯이, 이 격언에 따르면 젊은이도 젊음을 허비한다. 그들은 자신들이 가진 게 얼마나 좋은지 모른다. 젊음이 그들이 아는 전부이고, 그들은 젊음이 영원히 지속되리라고 무의식중에 가정하기 때문이다. 1827년 윌리엄 해즐릿 William Hazlitt은 늙었다는 느낌과 대조적으로 젊다는 게 어떤 느낌인지 포착하려고 애쓰는 수필을 썼다. 젊은이에게 죽음과 나이 듦은 "의미 없는 단어"다. 죽음과 나이 듦은 그저 "꿈, 허구"이고, 삶은 "가능성에 가능성"을 바라보는 끝없는 "유쾌한 여행"이다. 삶은 하나의 엄청난 기회다. "젊다는 것은 불사의 존재 중 하나가 되는 것과 같다."[3] 젊은이는 죽지 않을 것처럼 느낀다.

우리는 이 단락에서 전도자가 젊다는 이유로 젊은이를 나무라지 않는다는 점을 주목해야 한다. 그의 교훈은 '너는 젊지만 언젠가 나이 들 것임을 잊지 말라'가 아니라, 오히려 '너는 젊고, 따라서 온몸으로 젊음을 최대한 활용하라'는 것이다. 전도자의 말에 의하면, 하나님은 그렇게 할 수 있는 능력을 지닌 모든 사람에게 이렇게 말씀하신다. 네가 신체적으로, 정신적으로, 관계 면에서 왕성할 수 있는 시절에, 즐거워하고, 행복하고, 기뻐하라. 하나님은 우리에게 명령하신다. "마음에 원하는 길들과 네 눈이 보는 대로 행하라"(11:9). 그렇게 할 수 있는 가능성과 능력, 갈망이 언젠가 전부 중단될 것이기 때문이다.

여기 이 본문에서 엄청난 놀라움이 우리를 기다리고 있다. 당신은 앞 문단에서 **명령하신다**는 단어를 건너뛰지 않았는가? 당신은 눈썹을 치켜세웠어야 했다. 우리가 보통 명령을 어떻게 받아들이는지 생각해 보고, 하나님이 기쁨과 행복과 즐거움을 **명령하신다**는 게 어떤 의미인지 질문해 보라. 이런 것은 인생의 전성기를 살고 있는 기독교 신자들을 위한 추가 선택지가 아니다. 즐거움은 명령이고, 하나님의 명령을 어길 때 항상 그분의 법을 짓밟고 그분의 심판을 자초한다. 이 말이 옳다고 생각되는가? 하나님은 정말 당신의 행복에 이렇게 기여하셨는가?

9절을 다시 읽고 마지막 부분에 주목하라. "그러나 하나님이 이 모든 일로 말미암아 너를 심판하실 줄 알라." 물론 전도자는 부모님처럼, 밖으로 나가 재미를 누리되 늦게 귀가할 경우 통행 금지령이 발효될 수 있음을 잊지 말라고 말하고 있을 가능성도 있다. 분명 그는 마음의 욕망을 쫓아가는 방탕한 삶과 음란한 방종을 부추기지 않는다. 전도자는 자신의 책 전체에서 우리 마음의 진짜 모습에 대해 아주 현실적이었기 때문이다. 10절에서 몸의 "근심"vexation을 떠나게 해야 한다는 말의 문자적인 읽기는 '악'evil이 떠나게 해야 한다는 것이다. 따라서 지혜롭지 못한 파괴적인 쾌락 추구에 심판이 기다리고 있다는 경고가 여기에 있을 가능성이 있다. 파티를 열 때 주의하라!

하지만 나는 이것이 이 절을 읽는 최선의 방법이라고 보지 않는다. 전도자는 실제로 하나님의 세계에 대한 우리의 즐거움 혹은 즐거움의 결여를, 하나님이 최종 결산하실 때 해명을 요구하실 일 가운데 하나로 포함시키고 있을 가능성이 훨씬 높다. 우리가 앞서 보았듯이 즐거움은 하나님의 선물이고, 그분의 다른 모든 선물과 마찬가지로 그것을 갖고 우리가 했던 일에 대해 하나님께 설명할 책임이 우리에게 있다.

> 사람은 삶을 최대한 즐기도록 되어 있다. 그것이 하나님이 부여하신 사람의 본분이고, 하나님은 왜 즐기지 못했는지 우리에게 해명을 요구하실 것이다. … 즐거움은 단순히 허락될 뿐만 아니라 명령된다. 즐거움은 단순히 가능성opportunity이 아니라 하나님의 명령이다.[4]

이 말은, 기쁨이 하나님의 법인데 우리는 위험을 무릅쓰고 무시한다는 의미다. 즉, 우리가 하나님이 만드신 세상을 즐길 때, 우리가 사랑한다고 말하는 하나님의 선하심을 우리가 이해했음을 보여준다. 즐기지 못하는 실패는 단순한 실책이 아니라 범죄다. 부모가 후하게 베푼 선물을 자녀가 즐기지 못할 때, 그것은 아이가 일부러 장난감을 깨버리는 것과 마찬가지로 부모의 사랑에 대한 모독이다. 아이가 버즈 라이트이어를 좋아해서 매일 거칠게 내팽개치고 부딪히며 갖고 노는 것보다 버즈 라이트이어가 상자 속에 새것처럼 앉아 있는 모습을 기뻐할 부모는 아무도 없다. 참된 관계는 다른 사람이 선물을 받고 기뻐하는 모습을 보는 것이다. 기쁨이란 우리가 다른 사람에게 공짜로 주면서 그들에게 바라는 것이다.

비유가 동일하진 않지만, 하나님도 이와 비슷하시다. 놀랍게도, 신명기 28:47에서 모세는 이스라엘 백성에게 이렇게 말한다. "네가 모든 것이 풍족하여도 기쁨과 즐거운 마음으로 네 하나님 여호와를 섬기지 아니함으로 말미암아" 그들에게 언약의 저주가 임할 것이다. 하나님이 주신 풍요를 기뻐하지 않을 때 그리스도인의 삶은 무너진다.

깊은 성찰을 담고 있는 멋진 글에서 더글러스 존스Douglas Jones가 내놓은 주장에 의하면, 기독교 문화가 교회사 곳곳에서 실패한 이유는, 일차적으로 불충분한 신학 교육이나 형편없는 교리나 부적절한 복음 전도나 약한 리더십 때문이 아니라, 기쁨의 결여 때문이다.[5] 존스는 언약적 신실함의 필요성을 강조하는 신명기 27-30장을 묵상한 뒤, 우리는 이 본문에서 신실하게 기뻐하고 즐거워해야 할 필요성(신 28:47)을 우연히 발견하고 나서 할 말을 잃는다고 지적한다. "이 중대한 사실이 언제부터 있었지? 이건 틀림없이 하나님의 오타야."[6] 존스는 하나님의 백성이 땅에서 항상 누려야 할 기쁨이 "땅의 기쁨," 음식과 물과 관계와 쉼의 선물에 대한 순전한 기쁨임을 보여준다. 우리가 이런 즐거움에 들어갈 때, 의무와 순종에 근거한 문화를 양성하려고 애쓸 때보다 삼위일체, 희생적인 사랑의 하나님을 더 많이 닮는다. 더 즐거울수록, 우리는 하나님과 더 비슷해진다.

광범위한 기독교 공동체에 기쁨을 다룬 책이 많이 있지만, 기쁨의 비중을 간파한 책은 거의 없어 보인다. 이런 책들은 역기능 관계 한복판에서 어떻게 즐거움을 느낄 수 있는지 상당히 냉담하게 얘기하는 경향이 있다. 기쁨은 단지 주변적인 심리적 특성일 뿐, 우주의 중심이 아니다. 기독교계는 어떻게 수백 년 동안 신명기에 기록된 이 단순한 핵심을 우리에게 전하지 않는 신조와 신학 서적을 기록할 수 있었을까? 우리가 기쁨의 본질에 관한 대규모 교회 회의를 갖지 못한 이유는 무엇일까? 혹은 기쁨의 복합적인 양상을 두고 씨름하는 철학 학파가 없었던 이유는 무엇일까? 왜 우리의 신조는 하나님의 백성을 위해 기쁨의 본질을 해설하는 데 긴 부분을 할애하지 않는가?[7]

『스크루테이프의 편지』*The Screwtape Letters*에서 악마 저자는 기쁨을 누리려는 원수의 강박 관념에 대한 역겨움을 억누를 수 없다.

원수는 마음속으로 일종의 쾌락주의자hedonist다. 금식이니 철야 기도니 화형주火刑柱니 십자가 따위는 눈속임에 불과하지. …먼 바다에, 원수의 바다 저 멀리에, 즐거움, 더 많은 즐거움이 넘실거린다. …그는 부르주아 정신을 갖고 있다. 그는 세상을 즐거움으로 가득 채워 놓았지. 인간들에게는 그를 조금도 개의치 않고 하루 종일 할 수 있는 일들이 있단다.[8]

기쁘게, 즐겁게 살지 않는 것, 그리고 하나님이 우리에게 부어 주신 풍성한 선善의 우물물을 깊이 마시지 않는 것은 죄다. 그게 죄인 이유는, 그분의 성품에 대한 부정이기 때문이다. 이는 하나님의 언약적 축복의 부정이다. 이는 첫 번째 죄, 교만이라는 원초적 죄의 반복이다. 아담과 하와는 하나님이 자기들에게서 선한 것을 거두어 가셨다고 믿게 되었고, 그것을 스스로 되찾으려는 시도 가운데서 하나님이 자기들에게 선하시지 않다고 비난했다. 키드너의 훌륭한 표현에 의하면, "이것은 낙원마저 모욕처럼 보이도록 만들기 위해, 뱀이 에덴에서 건드린 뇌관nerve이었다."⁹ 세상을 바라보며 우리에게 선사된 하나님의 선하심을 깨닫고, 또 매일 주시는 그분의 공급하심을 끊임없이 경탄하며 살아가는 길이 있다. 반대로 하나님과 타인에게 끊임없이 무시당한다고 느끼면서 쓴 뿌리가 번성하는 온상이 되는 또 다른 길이 있다. 우리가 인생의 선물을 얼마만큼이나 수용했는지 해명해야 할 날이 언젠가 있을 것이다.

인생의 목표로 삼을 것은 기쁨이다. 내 생각에 우리 중 상당수는 스카이다이빙이나 카이트서핑처럼 일을 크게 벌이기 전에, 작게 시작하여 우리의 기쁨을 키울 필요가 있다. 물론 어떤 사람들에겐 둘 다 시도해 볼 만한 훌륭한 취미 생활이겠지만 말이다. 우리는 작게 시작할 필요가 있다. 인생의 작은 일에서 기쁨을 발견하지 못하는데, 큰일에서 기쁨을 발견할 것 같지 않기 때문이다. 감사에서부터 시작해 보자.

티모시 더들리 스미스Timothy Dudley-Smith는 존 스토트John Stott를 다룬 두 권짜리 전기에서, 스토트 곁에서 일했던 그의 연구 조수의 말

한 발은 무덤에

을 기록한다.

> 매일 오후 4시 30분, 나는 엉클 존에게 커피 한 잔을 가져간다. 책상 위에 컵을 놓자마자, 존은 거의 언제나, 약간은 장난스럽게, "내게 과분해요"라고 말하면서, 숙인 머리를 종이에서 들지 않곤 한다. 지난 주 어느 날 오후, 존이 자신의 가치를 커피 한 잔과 동일시하는 게 아주 우스꽝스럽게 느껴졌다. 존이 "내게 과분해요"라고 말했을 때, 나는 "당연하지요"라고 대답했다. 잠시 후 그가 말했다. "당신은 은혜 신학을 제대로 이해하지 못했군요." 나는 이렇게 대답했다. "엉클 존, 커피 한 잔에 불과하잖아요." 부엌에 들어와 식기를 정리하면서, 나는 그가 여전히 머리를 숙인 채 중얼거리는 소리를 들었다. "그게 바로 모든 일의 시발점이에요."[10]

작은 일에 감사하지 않는 것은 어떤 일에도 더 이상 감사하지 않는 것과 백지 한 장 차이다. 작은 일을 즐기고, 맛보고, 사랑하고, 웃고, 기뻐하지 않을 때, 우리는 모든 일에서 기쁨을 잃어버리는 상실을 향해 가고 있는 것이다.

빅터 멜드류는 우스꽝스런 반전 주인공anti-hero, 제대로 나이 든 사람의 정반대 유형이다. 바로 그가 감사하기보다 짜증을 내기 때문이다. 짜증은 죄다. 내가 볼 때 짜증은 특히 남성들에게 고질적이다. 짜증은 우리가 용인하고 웃어넘기는 그런 죄다. 짜증은 우리가 가정이라는 성으로 돌아가 자기 입맛에 완벽히 부합하지 않는 것을 볼 때, 탐닉하는 죄다. 우리가 남성 안에 간직해 둔 이 감정은, 방해물과 번거로운 일 혹은 어린아이와 성가신 사람들에 의해 망가진 하루의 황혼에 깃든다. 이것은 자기 연민에 길든 마음과 생각의 태도이고, 우리 스스로 구축한 왕국의 신민들이 값어치에 어울리게 자기를 대하지 않았다는 이유로 엄청난 해를 당할 수 있는 감정이다. 하나님의 세계에서 당신의 즐거움을 재조정하는 훈련을 하려면 마음에서부터 시작하라. 일 년 내내 당신과 함께 사는 게 숲에서 그루팔로(Gruffalo, 동화책에 나오는 괴물—옮긴이)를 만나는 것과 비슷하다면, 주말에 숲속의 베어 그릴스(Bear Grylls, 「정글의 법칙」의 원조격인 「인간과 자연의 대결」 등에 출연한 모험가 겸 진행자—옮긴이)처럼 되는 건 소용없다.

따라서 필요하다면 작게 시작하라. 하지만 어디선가 시작해야 한다면, 아무 데서든 시작하라. 나이 듦과 죽음에 대한 전도자의 현실주의는 즐거워하고 '마음에 기뻐하라'는 명령에 불을 붙인다. 이것은 긴급성urgency이 가미된 명령이다. 이 명령은 "네 청년의 날들"에만 적용될 수 있기 때문이다. 언젠가 상황이 변할 것이다.

따라서 이렇게 자문하라. 당신의 미래가 당신의 현재를 빚고 있는가?

2. 인생은 살기 위한 것임을 기억하는 차분한 현실주의

전도자가 청년들을 향해, 젊은 시절에 그냥 '하나님'을 기억하라고 말하지 않고 "창조주"를 기억하라고 말하는 건 우연이 아니다(12:1). 전도서는 우리 중에 자기 말을 알아들을 수 있을 만큼 젊은 사람들이, 창조 교리가 잘 사는 삶의 원천임을 깨닫기를 바란다. 전도서는 하나님에 관한 또 우리 자신에 관한 진리로 우리의 방향을 돌리는데, 그 진리는 우리가 세상을 살아가는 방식에 근본적인 영향을 줄 수 있다.

창조주를 기억하는 것은 하나님이 악한 세상이 아니라 선한 세상을 만드셨고, 그것을 망가뜨린 책임이 우리에게 있지 그분에게 있지 않음을 기억한다는 뜻이다. 하나님이 창조주이심을 기억하는 것은 적절한 방법으로 세상에서 나의 자리를 정하는 것이고, 나의 소유권 이상으로 스스로 요구하지 않는 것이다. 자크 엘륄Jacques Ellul은 이렇게 설명한다.

> 당신 자신은 자율적이라고 생각하겠지만, 당신은 무엇을 해야 할지 알지 못하고, 지혜가 무엇인지 알지 못한다. 당신은 피조물이다. …우리의 문제는 우리가 동산에 머물지 못한 실패에서 유래하지 않는다. …모든 악, 그리고 신중하게 단어를 선택하건대, 세상의 모든 악은 우리 자신이 창조주라고 여기는 데서 유래한다.[11]

앞 절에서 전도자는 세상에서 기쁨과 행복을 추구할 때 "근심이 [우리] 마음에서 떠나게" 하라고 권면했다. 짜증이 감사하지 않는 죄와 함께 자란다면, 염려는 우상숭배 죄와 함께 번성한다. 이것은 내가 내 인생을 책임지고 있고 내 상황을 통제하기 위해 내가 할 수 있는 모든 일을 해야 한다는 신념을 통해 비옥해진다. 반면에, 제프리 마이어스의 말처럼, 염려는 사실 자신의 인생이 숨에 불과하다는 사실에 대해 우매한 자가 보이는 반응이다. "우매한 자는 자신의 공허한 실존을 올바로 파악하지 못했다. 그가 좌절하는 이유는, 존재를 조작하여 자기에게 봉사하도록 만들 수 없기 때문이다."[12] 이것은 자신이 실상은 피조물에 불과하다는 걸 깨달은 가짜 창조자의 격분이다. 염려에 관한 주 예수님의 말씀은 전도서 저자의 말과 아주 비슷하게 들린다. 예수님도 우리가 피조물이고 하나님은 우리의 필요를 채우는 창조주이심을 상기시키신다.

그러므로 내가 너희에게 이르노니 목숨을 위하여 무엇을 먹을까 무엇을 마실까 몸을 위하여 무엇을 입을까 염려하지 말라. 목숨이 음식보다 중하지 아니하며 몸이 의복보다 중하지 아니하냐? 공중의 새를 보라. 심지도 않고 거두지도 않고 창고에 모아들이지도 아니하되 너희 하늘 아버지께서 기르시나니 너희는 이것들보다 귀하지 아니하냐?

너희 중에 누가 염려함으로 그 키를 한 자라도 더할 수 있겠느냐? 또 너희가 어찌 의복을 위하여 염려하느냐? 들의 백합화가 어떻게 자라는가 생각하여 보라. 수고도 아니하고 길쌈도 아니하느니라. 그러나 내가 너희에게 말하노니 솔로몬의 모든 영광으로도 입은 것이 이 꽃 하나만 같지 못하였느니라. 오늘 있다가 내일 아궁이에 던져지는 들풀도 하나님이 이렇게 입히시거든 하물며 너희일까 보냐. 믿음이 작은 자들아. 그러므로 염려하여 이르기를 무엇을 먹을까 무엇을 마실까 무엇을 입을까 하지 말라. 이는 다 이방인들이 구하는 것이라. 너희 하늘 아버지께서 이 모든 것이 너희에게 있어야 할 줄을 아시느니라. 그런즉 너희는 먼저 그의 나라와 그의 의를 구하라. 그리하면 이

한 발은 무덤에

모든 것을 너희에게 더하시리라. 그러므로 내일 일을 위하여 염려하지 말라. 내일 일은 내일이 염려할 것이요 한 날의 괴로움은 그날로 족하니라(마 6:25-34).

전도서 11:7-12:8에서 강조되는 창조는 여기서 또 다른 목적에도 일조한다. 젊을 때 창조주를 기억하라는 도전은 세상이 마땅히 어떠해야 했는지 기억하고 그것에 비추어 살려고 노력하라는 명령이다. 지금 세상의 실제 현실이 우리의 발목을 붙잡아 피할 수 없는 노년의 내리막길로 우리를 쓸어가기 전에 말이다. 창조 질서의 타락은 그 모든 선함과 아름다움을 제거하지 않았다. 우리가 그에 반하여 산다면, 우리는 창조주를 잊은 것이다. '전에'_before_라는 단어는 12:1, 2절과 7절에 세 번 나오고, 6-7절은 우리 모두에게 다가오는 최종적인 죽음의 반복된 이미지를 담고 있다. 우리는 하나님이 어떤 분이고, 우리는 누구이고, 우리는 어떻게 살아야 하는지 기억해야 한다. 막이 내리고, 우리가 하나님에게서 받은 삶을 그분이 다시 취해 가시기 때문이다.

이안 프로반의 지적에 의하면, 이 본문 곳곳에 창조 이미지가 나오듯—2절에서 가장 강렬한데 해와 빛, 달과 별은 모두 창세기 1장의 창조 이야기를 되풀이한다—어두워져 가는 이런 상황의 표현도 선하고 올바른 만물의 질서가 뒤집히는 "창조의 해체"를 가리킨다.[13] 하나님이 모든 사람을 만드셨듯이, 마지막에, 나이 들어 죽을 때 모든 사람은 해체된다.

12:2의 어둠과 모인 구름 이미지를 생각해 보라. 강렬한 그림에

주목하라. 모든 빛의 공급자인 해와 달과 별이 어두워지고, 비는 낮이 아니라 성난 구름에게만 길을 양보한다. 키드너의 말처럼, 이 장면은 우리에게 "나이 듦의 총체적인 적막감"을 각인시킨다. 기능과 감각의 빛이 어두워지기 시작할 뿐만 아니라, 오랜 친구와 익숙한 관습, 오랜 소망의 따뜻한 열기도 그렇다. 나이가 전부 훔쳐 간다. 그는 이렇게 기록한다.

> 이 모든 일은, 이 과정을 상쇄할 젊음의 탄력성 혹은 회복의 전망이 더 이상 없는 단계에서 나타날 것이다. 어린 시절, 인생의 더 나은 때에는 고통과 질병이 일차적으로 재난이 아니라 방해물이다. 우리는 하늘이 결국 청명할 것이라고 기대한다. 이제, 마지막 질주에서, 개선은 전혀 불가능하다는 이 긴 장의 결말에 적응하기 힘들다. 즉, 구름은 항상 다시 모일 터이고, 시간은 더 이상 치료하지 않고 생명을 앗아갈 것이다.[14]

다음 단락의 이미지는 기상학에서 가정家庭으로 장면이 바뀐다. 우리의 시선은 어둠으로 빠져드는 자연 세계로부터 주저앉아 비참하게 파손되는 큰 집으로 이동한다. 나이 들면서 당신의 몸이 허약해지는 것을 보는 게 어떤 느낌인지 묘사하려고, 전도자는 한때 웅장했던 건물이 허물어져 폐허가 되는 표현 방식을 사용한다. 이것은 생생한 은유와 암시의 집합체다.

이제 떨고 있는 "집을 지키는 자"는, 한때 당신을 보호하고 다른 사람을 부양할 수 있을 만큼 튼튼했던 당신의 손이다. 남성들은 체육관에서 십중팔구 자신들의 팔뚝, 근력의 상징에 집중한다. 어느 날 팔뚝이 늘어져 떨리기 시작할 것이다. 이제 구부러진 "강한 자"는 더 이상 당신의 무게조차 감당하지 못하는 다리다. "맷돌질하는 자"는 치아이고, "창들로 내다보는 자"는 눈이고, "길거리 문"은 귀인데, 결국 모두 쇠약해져, 더 이상 충분히 씹거나 또렷하게 보거나 완벽하게 들을 수 없다.

크리스토퍼 히친스Christopher Hitchens는 식도암으로 죽기 전 「배너티 패어」Vanity Fair에 기고하여, 말하는 능력을 상실하는 게 무엇과 같은지 고통스럽게 회고했다. 그는 말하기와 글쓰기 사이의 본질적 관련성을 깨닫게 되었다. 저자에게 '자기 목소리를 찾으라'고 격려한다는 사실을 생각해 보라. "말하는 능력을 잃는 것은 모든 기능을 빼앗기는 것이다. 분명 약간의 죽음 경험 그 이상이다."[15] 이것이 전도자가 여기서 묘사하는 경험이다. 이런 일은 그 자체로 침울하지만 거기서 머물지 않는다. 이런 일은 과거의 현실로부터 멀어지는 서글픈 퇴보와 쇠락을 보여준다. "우리는 총체적 몰락보다 대담한 생존의 몸부림 속에서 더 가슴 아픈 쇠락의 단서를 본다."[16]

나이 듦에는 선잠과 이른 기상, 땅에 넘어지고, 잊힌 자가 되고, 문밖을 나서는 모험을 꺼리는 두려움이 동반된다(12:5). 우리 아이 중 한 명이라도 넘어져 몸의 일부가 상하거나 멍들지 않고 지나간 날이 하루도 없었지만, 전부 다 웃어넘기거나 치료될 만했다. 아이들은 어리고 활력이 넘친다. 하지만 나이가 들면 이동과 낙상이 재난을 부를 수도 있다. 머리카락은 새하얗게 변한다. "살구나무가 꽃이 필 것이며"(5절). 메뚜기처럼 여기저기 뛰어다니곤 했던 날렵한

운동선수도 이제 느릿느릿 품위 없는 보행 보조기에 의지한다. 어떤 음식을 먹으려는 식욕도 많이 남아 있지 않다. 몸의 약화와 더불어 욕구의 약화도 온다. 그는 점심을 먹은 뒤 한쪽 구석으로 가서, 다시 눈을 붙인다.

윌리엄 해즐릿의 표현대로, "우리가 전적으로 임종 시에만 죽는 건 아니다."[17]

물론 모든 것은 장례식에서 끝난다. 어느 날 죽음이 당도한다. 전도자는 은줄에 달린 고급 금 램프가 내는 빛을 묘사한다. 그는 도르래로 우물에서 퍼내 꽃병에 담은 물을 상상한다(12:6). 인생은 빛이나 물과 같고, 우리 몸은 값진 상품을 감싸고 있는 램프와 줄, 꽃병, 바퀴와 같다. 꽃병이 땅에 떨어지고, 그 안에 담긴 게 서서히 사라지는 때가 올 것이다. 몸은 깨어질 것이다. 삶은 끝이 날 것이다.

어느 날 당신은 와해될 것이다. 타락에 대응하여 하나님이 창조 세계에 내리신 저주는 시간이 당신의 파괴를 지켜본다는 의미다. 아마 그 일은 나이 듦의 도움 없이도 벌어질 것이다. 그날이 늦지 않게, 조만간 올 것이다. 혹은 이후 30년간 조짐이 보이지 않을 수도 있다. 하지만 전도서 저자는 당신의 손을 붙잡고 부드럽게 물을 것이다. 그날이 오기 전, 당신은 어떻게 살 것인가?

대답을 요약하기 위해 나는 제임스 러셀 밀러의 단편 글을 통째로 인용하며 이 장을 마무리하려고 한다. 다작을 내놓은 저술가이기도 한 그는 19세기 후반을 살았던 장로교 목사다. 이 글은 밀러가 특별히 자기 시대 청년들에게 쓴 에세이 모음집에서 가져온 것이다.

그의 단편은 전도자가 이 부분에서 던지는 도전의 핵심을 내가 할 수 있었던 것보다 훨씬 효과적으로 표현한다. 당신은 어떤 상관관계가 있는지 즉각 깨달을 것이다. 그의 글을 먼저 읽은 사람은 누구나, 나이 들어 가면서 자기는 어떻게 될지 궁금했을 거라고 나는 확신했다. 이번에는 우리 차례다.

아름다운 노년

부드럽게, 오 부드럽게, 세월이 당신 곁을 스치면서,
가장 부드러운 손길로 당신을 살짝 어루만진다.
가끔 세월은 슬픔과 염려를 당신 가까이에 가져다주었지만,
그러나 당신에게 아름다움을 입혀 주었다.

이것은 주로 청년들을 위해 쓴 책의 도입부에서 다루기에는 적절한 주제가 아닌 것 같겠지만, 조금만 깊이 생각해 보면 그 적합성과 현실성이 드러날 것이다.

노년은 앞서 지나간 모든 세월의 결실이다. 노년은 모든 볏단이 모여드는 곳간이다. 노년은 젊음과 성년의 언덕과 골짜기 속 샘에서 흘러나온 모든 인생의 실개천과 강물이 흘러드는 바다다. 우리는 모두 이전의 세월 속에서, 우리가 나이 들 때 살아야 할 집을 짓고 있다. 우리는 감옥을 만들 수도 있고 궁전을 만들 수도 있다. 우리는 아주 아름다운 집을 지어 정취로 장식하고, 즐거움과 위안, 활력에 도움이 되는 물건들로 채울 수도 있다. 우리는 아름다운 그림으로 벽면을 덮을 수도 있다. 우리는 편안한 고급 장의자를 놓고 거기에서 쉴 수도 있다.

우리는 엄청난 양의 음식물을 창고에 쌓아 배고프고 무력한 시절에 먹을 수도 있다. 우리는 거대한 장작더미를 모으고 쌓아 노년의 긴 겨울밤과 낮 동안 환한 불꽃을 계속 태울 수도 있다.

아니면 우리는 우리 집을 아주 우울하게 만들 수도 있다. 끔찍한 그림을 침실 벽에 걸고, 우리를 내려다보며 따라다닐 섬뜩한 유령으로 벽을 도배하고, 우리 영혼을 공포로 채워 해 질 녘 인생의 짙어 가는 어둠 속에 앉아 있을 수도 있다. 우리는 가시 침대를 만들어 누울 수도 있다. 우리는 기울어 가는 세월의 배고픔과 갈망 속에서 먹을 음식을 전혀 비축하지 못할 수도 있다. 우리는 겨울 화로에 필요한 연료를 전혀 준비하지 못할 수도 있다.

우리는 문 앞과 향기로운 정원에 장미꽃을 심어 주위에 향기를 내뿜게 할 수도 있고, 잡초와 찔레의 씨앗을 뿌려 저녁 황혼 입구에 앉은 우리 앞에서 나부끼게 할 수도 있다.

모든 노년이 아름다운 건 아니다. 모든 노인이 행복한 건 아니다. 공허하고 음침한 삶 가운데에 아주 비참한 사람들이 있다. 고대의 여러 왕궁은 어두운 지하 감옥 위에 세워졌다. 거기엔 햇빛 속에서 눈부신 광채를 발하는 대리석 벽이 있었다. 거기엔 웅장한 프레스코와 화려한 장식품, 유쾌함, 음악과 술잔치가 준비된 널찍한 황금빛 침실이 있었다. 하지만 이 모든 호화로운 광채와 눈부신 장식 밑 깊은 곳에 억울한 피해자가 가득한 지하 감옥이 있었고, 서글픈 절망의 신음과 불평이 쇠창살을 뚫고 올라와 황금빛 복도와 침실 천장을 통해 울려 퍼진다. 그리고 나는 여기서 많은 노인의 모습을 본다. 겉으로 보기엔 넉넉한 위로와 그 외 많은 것, 곧 부와 명예, 친구, 그리고 중요 인물다운 당당한 분위기가 이 윤택한 삶을 얘기한다. 하지만 그것은 단지 음산한 기억의 지하 감옥 위에 세워진 궁전에 불과해서, 깊고 어두운 기억의 귀퉁이로부터 늘 올라오는 후회와 절망의 음성은 매시간 슬픔과 분노를 낳고, 모든 아름다운 그림과 모든 밝은 장면 위에 그림자를 드리운다.

노년을 아주 서글프게 만드는 삶도 가능하고, 노년을 아주 아름답게 만드는 삶도 가능하다. 분주한 도시를 돌아다니던 중 어느 날 한 문에 이르렀을 때, 웅장한 새의 합창 소리가 나를 반갑게 맞았다. 응접실, 식당, 침실, 현관, 어디에나 새가 있었고, 집 전체가 새들의 즐거운 음악으로 가득했다. 노년이 이와 같을 수 있다. 올바르게 살아온 이들도 마찬가지다. 그들의 삶은 음악으로 충만하다. 모든 기억이 짧은 노래 가사다. 하늘의 평화를 노래하는 부드러운 새소리가 어디서나 울리고, 인생의 마지막 날들이 가장 행복한 날들이다.

천사들이 흠모할 풍부한 경험,
세월과 함께 자라온 풍부한 믿음.

놓쳐서는 안 되는 실제적 질문은 이것이다. 노년이 올 때 아름답고 행복하려면, 우리는 어떻게 살아야 할까? 우리는 저녁 그림자가 우리를 덮을 때까지 이 질문을 미루지 않을 것이다. 그때는 깊이 숙고하기엔 너무 늦다. 우리는 의식적으로든 무의식적으로든, 우리의 노년이 아름답고 평화로울 것인가 아니면 어둡고 비참할 것인가 하는 질문을 해소하는 데 날마다 일조하고 있다. 따라서 어떻게 행복한 노년을 담보할 수 있을지 잠시 생각해 볼 만한 충분한 가치가 있다.

우리는 유용한 삶을 살아야 한다. 게으름이나 이기심에서는 선한 것이 전혀 나오지 않는다. 괴어 있는 물은 썩고 부패와 죽음을 낳는다. 흐르는 물이 깨끗하고 상쾌하다. 게으른 삶의 열매는 결코 기쁨과 평화가 아니다. 이기적으로 살아온 세월은 결코 기억이라는 텃밭의 옥토가 될 수 없다. 행복은 타인의 선을 위한 자기 부인에서 나온다. 선한 행동과 희생의 기억은 언제나 향기롭다. 그런 기억의 향은, 하늘의 향내처럼, 땀 흘린 텃밭에서 올라와 노년을 거룩한 향기로 채운다. 우리가 다른 사람을 복되게 하는 삶을 살 때 감사하며 사랑하는 여러 친구가 우리에게 생기고, 무력한 날이 올 때 그들의 애정은 놀라운 기쁨의 원천이 되어 줄 것이다. 물에 던진 떡은 여러 날 뒤 다시 발견된다.

내가 아는 여러 사람은 친구를 사귀고 싶지 않은 듯 보인다. 그들은 사교성이 없고, 공감하지 못하고, 차갑고, 거리를 두고, 불친절하고, 이기적이다. 다른 사람들 역시 우정을 유지하는 데 전혀 힘쓰지 않는다. 그들은 더없이 사소한 이유로 친구를 버린다. 하지만 그들은 잃어버려선 안 될 노년의 기쁨을 스스로 박탈하고 있는 것이다. 늦은 저녁 온화한 우정의 빛 속을 걷고자 한다면, 그때가 되기 전에 우리 자신이 충성스럽고 진실한 친구가 되어야 한다. 우리는 친절하고 자기희생적인 섬김을 통해 이렇게 할 수 있다. 적어도 이것은 우리가 이해하기 전까지 아주 이상하게 들리던 조언에 우리 주님이 담으셨던 취지 중 하나다. "불의의 재물로 친구를 사귀라. 그리하면 그 재물이 없어질 때에 그들이 너희를 영주할 처소로 영접하리라"(눅 16:9).

반복하지만, 우리는 순결하고 거룩한 삶을 살아야 한다. 모든 사람은 자신의 행복 혹은 불행의 근원을 자기 안에 갖고 있다. 주변 상황은 사실 우리 내면의 경험과 거의 관련이 없다. 우리가 오두막에 사느냐 궁전에 사느냐는 기쁨의 정도를 결정할 때 거의 중요하지 않다. 결국 우리의 하늘에 색을 입히고 우리가 듣는 음악에 음색을 부여하는 것은 대부분 자기 자신이다. 행복한 마음은 모든 곳, 심지어 가장 어두운 구름 속에서도 무지개와 밝은 빛을 보고, 가장 요란한 폭풍우 소리 한복판에서도 부드러운 노랫가락을 듣는다. 하지만 불운하고 불만스러운 서글픈 마음은 태양 속의 흑점, 옥의 티를 보고, 가장 완벽한 하나님의 일에서 흠집을 보며, 가장 고귀한 음악 속에서 부조화와 불협화음을 듣는다. 따라서 이 모든 질문은 내면에서 해결되어야 한다는 결론에 이른다. 샘물은 마음속에서 솟아난다. 노인은 달팽이처럼 자기 집을 등에 얹고 다닌다. 그는 이웃이나 집이나 상황이나 동료를 바꿀 수는 있겠지만, 자기 자신과 자신의 과거로부터 벗어날 수는 없다. 죄악의 세월은 노인의 머리가 휴식하는 베개 속에 가시를 심는다. 격정과 악의 삶이 비축해 둔 쓰디쓴 샘물을 노인이 되어 마셔야 한다.

죄가 당장은 달콤해 보이겠지만, 그때가 지난 뒤 시선을 돌려 돌아볼 때 어떤 모습으로 나타날지 잊지 말아야 한다. 특히 우리는 임종 자리에서 어떤 모습일지 기억해야 한다. 잘 살아온 과거만큼 마지막에 이렇듯 순전한 평화와 고요한 기쁨을 가져다주는 것은 없다. 우리는 노년기에 먹어야 하는 음식을 매일 쌓아 두고 있다. 우리는 그림자 속에 앉아 바라보아야 하는 그림을 우리 마음의 벽에 걸어 두고 있다. 순결하고 거룩한 삶을 사는 게 얼마나 중요한가! 용서받은 죄도 노년의 평화를 방해할 수 있다. 흉한 상처가 남을 것이기 때문에.

이 모든 것을 한마디로 요약하면, 오직 그리스도만이 청년이든 노인이든 모든 인생을 정말 아름답게 혹은 정말 행복하게 만드실 수 있다. 그분만이 쉬지 못하는 마음의 열기를 가라앉히고 고요함과 차분함을 주실 수 있다. 그분만이 우리 안에 있는 죄의 근원, 우리의 부패한 본성을 정화하여, 우리를 거룩하게 만드실 수 있다. 평화롭고 복된 인생의 마지막을 맞으려면, 우리는 그리스도와 함께 살아야 한다. 그런 삶은 마지막에 다다를 때까지 점점 더 밝아진다. 마지막 날들이 가장 찬란하고 가장 향기로운 날들이다. 땅의 즐거움이 사라질수록, 더 만족스러운 위로에 더 가까워진다. 하나님의 날개가 덮고 있던 둥지, 번성하던 밝은 여름날 나뭇잎에 가려 있던 둥지는, 쇠락과 연약함의 시기에, 겨울이 되어 가지가 벌거벗을 때 고스란히 그 모습을 드러낸다. 또한 그런 인생에게 죽음은 전혀 공포가 아니다. 다가오는 죽음의 표식은 "지친 선원을 향해 안식처에 다가가고 있음을 알리는, 수의壽衣 위에서 빛나는 육지새"일 뿐이다. 그 마지막은 비바람에 거칠어진 용골龍骨이 영광의 해변에 닿는 것이다.[18]

토론과 개인 묵상을 위한 질문

1. 당신은 나이 듦을 어떻게 받아들이고 있는가? 전도서는 어떤 면에서 당신에게 도전이 되는가?

한 발은 무덤에

2. 당신이 청년이라면, 어떻게 "너의 창조주를 기억"할 수 있겠는가?

3. 당신의 미래가 당신의 현재를 빚고 있는가? 그것을 어떻게 알 수 있는가?

4. 하나님이 주신 것을 기뻐하는 게 하나님의 명령이라는 점이 새롭게 다가오는가?

5. "마음에 원하는 길대로" 행할 때 삶에 어떤 변화가 생길 수 있겠는가?

6. 당신이 노년기에 있다면, 어떻게 하나님의 선물을 기뻐하고 과거의 선물에 감사할 수 있겠는가?

10

핵심 정리

전도서 12:9-14

전도서는 해 아래서 얻을 "유익"이 전혀 없다고 말하는 반면,
사도 바울은 한 가지 유익한 것이 있다고 말한다. 바로 죽음이다.
우리는 살아 있는 동안 그리스도를 위해 수고할 수 있고,
죽을 때 그리스도와 함께 살 수 있다.

10

핵심 정리

책이란 우리 안의 얼어붙은 바다를 깨는 도끼여야 한다.

프란츠 카프카, 『오스카 폴락에게 보낸 편지』*Letter to Oscar Pollak*

9 전도자는 지혜자이어서 여전히 백성에게 지식을 가르쳤고 또 깊이 생각하고 연구하여 잠언을 많이 지었으며

10 전도자는 힘써 아름다운 말들을 구하였나니 진리의 말씀들을 정직하게 기록하였느니라.

11 지혜자들의 말씀들은 찌르는 채찍들 같고 회중의 스승들의 말씀들은 잘 박힌 못 같으니 다 한 목자가 주신 바이니라.

12 내 아들아, 또 이것들로부터 경계를 받으라. 많은 책들을 짓는 것은 끝이 없고 많이 공부하는 것은 몸을 피곤하게 하느니라.

13 일의 결국을 다 들었으니 하나님을 경외하고 그의 명령들을 지킬

지어다. 이것이 모든 사람의 본분이니라.

14 하나님은 모든 행위와 모든 은밀한 일을 선악 간에 심판하시리라.

전도서 12:9-14

말의 경이로운 효과

사람들은 말보다 행동의 소리가 더 크고 백문이 불여일견이라고 하지만, 나는 확신이 서지를 않는다. 당신은 내가 설교자이기 때문에 이렇게 말할 수밖에 없다고 생각할지 모르겠다. 말하는 게 내 일이니까. 물론 이 간결한 격언이 전하는 핵심을 부정하진 않지만, 말의 경이로운 힘이 없다면 우리 삶은 공허해지고 우리 관계는 황폐해질 것이다.

말은 일을 한다.

전도서를 설교했을 때, 내 설교를 경청하던 여러 회중이 보여준 얼굴 표정의 변화를 나는 생생히 기억할 수 있다. 우리가 서로 소통할 때 이런 일은 항상 일어난다. 우리가 하는 말은 다른 사람을 울게도, 당황하게도, 화나게도, 또는 폭소하게도 만들 수 있다. 말은 감정을 낳는다.

말은 변화를 가져온다. 운전 강사가 교육생에게 "좌회전 하세요"라고 말했기 때문에, 운전자에게 말로 지시했기 때문에 차는 방향을 바꾼다. 말은 일을 성취한다. 내가 결혼을 준비하는 커플과 만날 때, 그들은 당연히 (혹은 적어도 그들 중 한 명은) 잔칫날의 온갖 잡다한 일에 몰두해 있다. 그들의 머리는 좌석 배치와 초대장과 신부의 들러리 옷, 음식 준비로 분주하다. 여러 가지 다양한 일이 결혼을 구성하지만, 나는 말이 결혼 생활을 빚는다는 사실을 생각하게 만들려고 애쓴다. "서약합니다"라는 말 한마디로 그들은 서로의 삶을 영원히 변화시킬 것이다. 결혼식에서 했던 약속의 말은 결혼을 묘사하거나 설명하지 않고, 결혼을 창조한다. 그들의 말이 나온 뒤에는 이전에 존재하지 않던 어떤 것이 존재한다. 사실 약속을 통해 피조물은 창조주와 가장 비슷해진다. 루이스 스메디스Lewis Smedes가 고전적인 에세이에서 말하듯이, 오직 약속만이 "인간의 사랑이 해피엔딩을 맞을 것이고, 정의와 샬롬 가운데 살아가는 구속받은 가정이 언젠가 땅을 채울 것임을 확증한다."[1] 인간의 운명은 하나님의 약속의 말씀에 근거한다.

> 말은 상처를 줄 수도 있고, 치유할 수도 있다. 말은 무기요, 말은 포도주다.
>
> 당신을 사랑합니다.
>
> 당신을 미워합니다.
>
> 당신을 절대 다시 보고 싶지 않아요.
>
> 당신을 용서합니다.
>
> 당신을 용서할 수 없어요.
>
> 너는 나의 가장 친한 친구야.
>
> 미안해.

핵심 정리

우리가 전도서를 갖게 된 것도 말이 무언가를 했기 때문이다. 하나님은 창조하는 것을 좋아하시기 때문에 우리에게 말을 주셨다. 하나님은 변화를 좋아하신다. 그분은 이전에 존재하지 않았던 것이 탄생하는 걸 보고 싶어 하신다. 그분은 말씀하셨고—그냥 입을 여셨고, 우주가 탄생했을 때 천사들은 기쁨으로 외쳤다—말씀으로 만물을 창조하셨다. 하나님이 그렇게 말씀하셨듯이, 그분은 이런 말씀으로 지금, 여기서 얘기하심으로써, 말씀을 들을 때 우리에게 무슨 일인가 일어나게 하신다.

왜 하나님은 자신을 그림책에 계시하지 않으셨을까? 왜 예수님은 영상으로 기록하여 유튜브에서 상영할 수 있는 시대에 세상에 오지 않으셨을까? 이미지로만 이루어져 말은 전혀 없는 그림책 성경을 아이 곁에 앉아 읽어 줄 때, 당신은 입을 떼지 않은 채 책장을 넘길 수 없음을 깨달을 것이다. 무의식적으로 이런 일이 일어나고, 당신은 손가락으로 가리키며 설명하지 않을 수 없다. 이미지에는 해석이 필요하다. 말 없는 행동은 실제로 말에 의해 창조된 상황 속에서만 의미가 통한다. 그래서 하나님은 우리를 위해 자신에 관한 말씀을 직접 주셨다. 하나님 자신의 계시가 하나님의 본성의 핵심에 있다. "태초에 말씀이 계시니라"(요 1:1). 그래서 전도서는 기독교 신앙의 일차적인 감각 기관이 우리 귀라는 점을 보여주었다. 하나님을 알기 위해, 우리는 그분의 말씀을 들을 수 있어야 한다.

이러한 전도서의 결론은 전도자가 우리를 앉혀 놓은 곳이고, 자기 말의 작동 과정을 우리가 이해하는지 확인하기 위해 마지막으로 말하는 순간이다. 앞 장에서 그는 시간에 관한 질문에 대답했다. 나는 **언제** 나의 창조주를 기억해야 하는가? 너무 늦기 전에, 내가 청년일 때다. 이제, 이 마지막 단락에서, 그는 두 가지 질문에 더 대답한다. 나는 **어떻게** 나의 창조주를 기억하고, 또 나는 **왜** 나의 창조주를 기억해야 하는가? 나는 어떻게 또 왜 하나님의 세상에서 지혜롭게 살아야 하는가?

전도자는 전도서 곳곳에 담은 자신의 메시지를 상기시키면서 마무리한다. 9-12절은 그의 책의 미니 주석이다. 9-12절은 지혜로운 전도자가 자신의 말로 했던 일을 어떻게 또 왜 했는지 설명하고, 또 그의 말이 우리에게 의도했던 결과를 설명한다.

전도자는 책과 함께 대학 도서관에 격리된 채, 자기가 읽고 또 읽어 점점 더 지혜로워지고 있다고 생각하는 상아탑의 학자가 아니었다. 그는 지혜롭고—그는 정말 그랬다—또한 "백성에게 지식을 가르쳤다"(9절). 전도자는 지식을 나누었다. 그는 자신의 지혜를 활용하여 다른 사람을 지혜롭게 했다. 그는 인생을 바라보면서, 종종 짧고 간결한 경구, 격언이 복잡하고 당혹스러운 삶을 완벽하게 포착하는 것을 보았고, 그것을 적어 내려갔다. 그는 사람과 상황과 사건의 온갖 규칙성과 의외성을 연구해 자신의 관찰을 적어 내려갔다.

전도자는 이 글을 마무리하면서 이런 고찰이 우리에게 네 가지를 진해 주려는 것이었다고 말한다. 자기 책에 대한 전도지의 회고는 우리가 이 책 곳곳에서 보았던 것을 돌아볼 수 있게 해준다.

기쁨

전도서는 우리에게 기쁨을 주기 위해 기록되었는데도, 전도서를 우울하고 비관적인 책으로 여기거나 전혀 납득하지 못하는 사람이 많다는 건 서글픈 아이러니다. "전도자는 기쁨을 주는 말을 찾으려고 힘썼으며, 참되게 사는 길을 가르치는 말을 찾으면 그것을 바르게 적어 놓았다"(12:10, 새번역). 그는 "기쁨을 주는 말", 곧 즐거운 말을 찾으려고 했고, 그로써 정선된 말을 발견했기 때문에 그가 기록한 내용은 올바르고 진실하다.

당신은 어떻게 당신의 창조주를 기억하는가? 어떻게 하나님을 아는 줄 아는가? 하나님의 기쁜 말씀을 경청하고 또 그분의 말씀이 기쁘다는 사실을 발견할 때다. 나는 이 책 곳곳에서 당신이 그것을 보았기를 바란다. 하나님은 자신이 만든 세상의 흥을 깨시는 분이 아니다. 우리가 세상에서 어떻게 살기 바라시는지를 볼 때 그분은 심술쟁이 노인이 아니고, 자기가 어떤 분인지 알려주기 위해 우리에게 주신 말씀을 볼 때 그분은 금욕주의자가 아니다.

우리는 종종 12:10의 마지막 단어, "진리"의 렌즈를 통해 성경을 바라본다. 우리는 성경이 믿을 만한지 알고 싶어 한다. 우리는 성경 말씀을 신뢰할 수 있는가? 성경은 진리인가? 이것도 훌륭하다. 하지만 성경이 실제로 작동하는 방식을 볼 때, 성경은 진리이기 때문에 아름답고, 아름답기 때문에 진리다.

내게는 주 예수님의 복음을 싫어하고 하나님이 자기 인생에서 무언가 하실 수 있다는 생각을 증오하는 한 친구가 있다. 그는 가끔 성경을 조롱한다. 성경은 케케묵었고, 고리타분하고, 지루하고, 현실성 없고, 빅토리아 시대의 산물이라고 한다. 성경이 하는 말은 그가 보기에 아름답지도 않고 진리도 아니다. 하지만 내 친구의 인생은 많은 부분이 뒤죽박죽이다. 그는 기본적으로 자기를 위해 살고, 그렇기 때문에 그의 관계는 금방 틀어지고 심지어 파괴적이 되며, 삶의 대부분은 감정적으로 혼란스럽다. 그는 오락가락 다른 사람들로부터 자기를 격리시키려고 애쓰다가 다시 다른 사람들과 연결되려고 노력하지만, 다른 사람에게 자진해서 헌신하려는 진지한 자세는 전혀 없다. 그의 삶에 성경의 진리가 없기 때문에 아름다움도 부재하다. 성경의 기쁨 개념이 없는 까닭에, 그는 자신만의 기쁨 개념을 구축해야 하고, 언제나 이기적인 기쁨 이해에 이끌려 자기를 중심으로 끊임없이 편협해지고 말 것이다.

하나님은 성경에서 우리에게 기쁨의 말씀을 주신다. 이는 진리가 기쁨을 주는 방식에서 확인된다. 고통의 날과 노년기 이전에 하나님을 기억해야 한다고 말하는 것과, "은줄이 풀리고 금그릇이 깨지고 항아리가 샘 곁에서 깨지고 바퀴가 우물 위에서 깨지기" 전에 그분을 기억하라(12:6)고 촉구하는 것은 전혀 다른 문제다. 나이 듦이 무너져 가는 집과 같다는 시어詩語는 나이 듦의 매서운 맛을 느끼게 하고, 그 형식 자체를 통해 지금, 우리가 할 수 있을 때, 하나님을 알아야 할 긴급성을 각인시킨다.

성경 대부분이 작동하는 방식이 그렇다. 이제 전도서를 마무리하려고 한다. 이어서 아가서를 읽으라. 결혼이 무엇인지—한 남자, 한 여자, 연합—하나님이 우리에게 말씀하시는 것과, 사랑하고 사랑을 나누는 것이 무엇과 같은지 표현하기 위해 시를 주는 것은 전혀 다른 문제다. 말씀의 진리와 말씀의 아름다움은 서로 분리되지 않는다. 내가 애호하는 본문 몇 군데를 알려 줄 테니 읽어 보라. 욥기

38-41장과 시편 23편, 이사야 40장과 65장, 누가복음 7:36-50, 요한계시록 21-22장이다.

하나님의 말씀이 당신에게 웃음을 주기 위한 것임을 깨달을 때, 당신은 창조주를 안다. 하지만 당신이 하나님을 안다는 사실을 알 수 있는 또 하나의 길은, 그분의 말씀이 당신을 움찔하게 만들 때다.

아픔

"지혜자의 말은 막대기와 같고, 수집된 말씀은 단단히 박힌 못과 같다. 이것들은 한 목자가 주신 것이다"(12:11, 옮긴이). 막대기$_{goad}$는 가축이 곧은길을 가게 하기 위해 고대 세계에서 목동들이 사용하던 것이다. 이것은 날카로운 못이 그 안에 박힌 지팡이로, 가축을 찌르고 자극하기 위해 사용되었다. 가축이 왼쪽으로 가면 아픔이 있을 것이다. 오른쪽으로 가면 아픔, 멈추면 더 큰 아픔. 가축이 아픔을 피할 수 있는 유일한 길은 목자가 원하는 길로 가는 것이었다.

전도자의 말은 못과 같다. 그의 말은 상처를 낸다. 그중 일부는 정말 아주 날카로운 끝으로 당신에게 다가올 수 있다. 하지만 전도자의 말은 하나님에게서, 한 분이신 참목자$_{Shepherd}$에게서 직접 당신에게 왔다. 당신이 하나님을 알고 사랑하고 일평생 그분과 함께 동행하기 원할 때 당신에게 필요한 게 아픔이라는 사실을 배우기가 힘겨울 수도 있다. 어떤 말씀은 당신으로 하여금 똑바로 앉아 주목하게 만든다. 말씀은 당신으로 하여금 가던 길을 멈추고 뒤돌아서서 올바른 방향으로 가게 만든다.

그러므로 나는 아직 살아 있는 산 자들보다 죽은 지 오랜 죽은 자들을 더 복되다 하였으며(4:2).

좋은 이름이 좋은 기름보다 낫고 죽는 날이 출생하는 날보다 나으며 (7:1).

사람이 여러 해를 살면 항상 즐거워할지로다. 그러나 캄캄한 날들이 많으리니 그날들을 생각할지로다. 다가올 일은 다 헛되도다(11:8).

너는 죽을 것이다.

우리는 움찔한다.

이는 사랑하는 목자가 주신 날카로운 말씀이다. 이 말은 우리가 양이라는 뜻이다. 이 가축은 세상에서 가장 총명한 동물이 아니라고 알려져 있다. 양에게는 양치기 개가 필요하다. 목자가 필요하다. 곧 은길을 계속 가기 위해 우리가 받을 수 있는 모든 도움이 필요하다.

하나님은 아담과 하와에게 생명의 길, 걸어갈 곧은길을 주셨다. 그들은 왼쪽으로 방향을 틀어 다른 음식을 뜯어먹었다. 하나님은 말씀 안에서 생명의 길, 우리의 왕이신 그리스도와 함께 걸을 좁은 길을 보여주신다. 그리고 우리는 오른쪽으로 방향을 틀어 잠시 풀을 뜯었다. 나는 젊고, 만사형통이고, 이런 일은 항상 다른 이에게나 일어난다. 나는 당당할 거다.

창조주를 기억하여, 하나님의 말씀이 당신의 환상을 몰아내게 하고, 고통스럽더라도—종종 고통스러울 것이다—당신의 어리석음

핵심 정리

을 직시하라. 당신의 기지에만 맡겨 두면, 당신은 옳은 것을 선택하지 않을 것이다. 홀로 방황할 처지에 놓이면, 결국 마땅히 내가 있어야 할 곳의 반대 방향으로 향할 것이다. 한 분이신 목자의 말씀 외에 우리 영혼을 위한 위성 항법 장치는 전혀 없다. 성경이 최고다.

나는 이 두 가지와 관련해서 당신이 어디 있는지 평가하는 데 도움을 주는 두 방법을 제안하고 싶다. 곧 성경의 기쁨과 성경의 아픔이다. 이 두 가지는 태도 측정기, 당신의 영적 온도를 재는 길이다.

먼저, 당신은 성경이 즐겁다고 느끼는지 여부를 측정할 수 있다. 얼마나 자주 성경을 읽는지 혹은 얼마나 많이 읽는지가 아니라, 또 성경이 읽기 쉽거나 어렵다고 생각하는지가 아니라, 놀라움을 기대하며 성경에 다가가는지 여부를 보고 측정할 수 있다. 당신이 이미 알고 있지 않은 내용을 성경이 가르쳐 줄 거라고 기대할 때, 성경의 즐거움이 탄생한다. 성경에 대한 태도가 더 어린아이 같을수록, 성경에 당신에게 적절한 말씀이 담겨 있다고 깨달을 가능성이 더 높다.

메릴린 로빈슨Marilynne Robinson은 현존하는 가장 훌륭한 소설가라 할 만하다. 그녀는 격조 높은 세 소설, 『길리아드』Gilead와 『홈』Home과 『라일라』Lila를 저술했다. 아직 읽지 못했다면, 어느 때고 읽어 보기를 권한다. 버킷리스트에 적어 놓으라. 한 수필선집에서 그녀는 언젠가 "제시간에 교회에 도착하기 위해 밤새 이동하다가, 대체 내가 무슨 마음으로 혹은 어떤 필요 때문에 이러고 있는지 곰곰이 따져보던" 자신의 모습을 발견한 때가 있었다고 서술한다. 그녀의 말에 의하면, 그 이유는 성경의 자력 때문이다. 로빈슨은 청년 시절 이후 성경에 몰입했지만, "나는 성경을 이해하지 못한다. …나의 변하지

않는 무지의 은총 덕분에 성경은 항상 내게 새롭다. 나는 절대 배움을 쉬지 않겠다"고 고백한다.[2]

이제 확신하건대, 로빈슨과 나는 성경에 대해 온갖 방면에서 동의하지 않을 것이다. 그녀의 아름다운 소설은 성경을 아주 많이 담고 있지만, 나는 그녀가 납득되지 않는 다른 주제도 포함시켰으면 하고 바란다. 내 생각에, 오늘의 세계에서 성경에는 그녀가 인정하는 것보다 훨씬 깊은 의미가 있다. 내가 위에서 인용한 내용과 관련해 놀라운 점은, 아주 영민한 지성을 갖추고도 성경을 이해하지 못한다고 말하는 사람이 있다는 것이다. 로빈슨의 말은 성경이 이해될 수 없다는 뜻이 아니다. 다만 그녀가 자신에 대해 특별한 이해를 갖고 성경에 다가가기 때문에, 그녀는 항상 무언가 배우기를 기대한다는 뜻이다. 그녀는 항상 무언가 새로운 것을 듣기를 기대한다. 이것이 마음의 태도다. 어린아이 같은 태도. 그녀는 성경으로 돌아가 "나를 위해 다시 그 문을 열어젖힌다."[3] 무언가 배우려는 그녀의 자세에서 우리는 배울 바가 있다.

시편 19편에 있는 다윗 왕의 말을 경청하라.

여호와의 율법은 완전하여

영혼을 소성시키며

여호와의 증거는 확실하여

우둔한 자를 지혜롭게 하며

여호와의 교훈은 정직하여

마음을 기쁘게 하고

여호와의 계명은 순결하여

눈을 밝게 하시도다.

여호와를 경외하는 도는 정결하여

영원까지 이르고

여호와의 법도 진실하여

다 의로우니

금 곧 많은 순금보다

더 사모할 것이며

꿀과 송이꿀보다

더 달도다(7-10절).

이렇게 말하기 위해서는 자신에 대한 특별한 이해가 필요하다. 가난한 나에게 성경은 귀하다. 배고픈 나에게 성경은 가장 달콤한 음식이다. 불안하고, 방향을 잃었고, 허둥대는 나에게 성경은 확실하고 신뢰할 만하다.

둘째, 성경의 아픔과 당신의 관계를 평가하려면 자신에게 이렇게 물어야 한다. 그 말씀이 구미에 맞지 않았는데도 성경 말씀 그대로 순종하며 행동했던 때는 최근 언제인가? 내용이 불편했음에도 말씀에 순종해 본 적이 있는가? 성경을 무언가 다른 의미로 재해석하는 것은 언제나 지적인 훈련이기에 앞서 도덕적인 훈련이다. 다시 말해, 성경 말씀이 우리에게 맞서기 때문에 좋아하지 않는다면, 우리는 언제나 그 의미를 바꿀 모종의 방안을 찾아내어 우리가 살고 싶은 세계와 일치하게 만들 것이다.

성경을 길들이지 말라. 하나님의 세계에서 살라. 그리고 우리는 양이라서, 언제나 당연히 우리 자신의 막대기를 키워 성경을 찌르고 자극하려고 애쓰지, 성경이 우리를 아프게 찌르고 자극하도록 두지 않는다는 점을 인식하라.

당신이 하나님을 아는 때는 이런 때다. 가끔 하나님의 말씀이 당신의 교만을 낮추고 당신을 눈물 흘리게 만들 때. 당신의 기대를 뒤집을 때. 당신의 우선순위를 뒤바꿀 때. 당신의 행동에 맞설 때. 당신의 생각에 도전할 때.

관점

왜 우리는 성경을 기뻐하고 성경이 이렇듯 우리를 아프게 하도록 승인해야 하는가? 한 가지 대답은 이것이다.

> 하나님을 경외하고 그의 명령들을 지킬지어다. 이것이 모든 사람의 본분이니라(12:13).

여기서 내게 놀랍게 다가온 점은, 이 서술의 포괄적 전체성, 즉 나의 "본분"whole duty이 경외하고 지키는 것이라는 점이다. 이것이 인생에 관해 받아들여야 할 관점이다.

우리는 이런 식으로 생각하지 않는 경향이 있다. 우리는 삶을 분할한다. 우리에게는 소망과 꿈과 목표와 야망이 있고, 그 한가운데서 우리는 다른 사람 곧 배우자와 자녀, 양친, 직장 동료, 친구에 대한 우리의 책임을 생각한다. 하지만 전도서는 우리가 다른 사람 혹은 다른 것에 대해 갖는 모든 낱낱의 본분과 책임이 무엇보다 먼저 우리가 하나님께 대해 갖는 본분과 책임임을 상기시킨다.

당신은 왜 특별한 성품을 지닌 직원이 되어야 하는가? 하나님을 경외하고 그분의 명령을 지켜야 하기 때문이다. 당신은 왜 특별한 성품을 지닌 자녀가 되어야 하는가? 하나님을 경외하고, 하나님은 당신이 부모를 공경하기 원하시기 때문이다. 내가 당신을 위해 모든 일을 하는 이유는, 다른 무엇보다 내가 하나님을 위해 그 일을 하기 때문이다. 전도서는 내가 바로 이런 사람이 되어야 한다고 가르친다. 만약 우리가 무엇보다 먼저 하나님을 위해 모든 일을 한다고 생각한다면, 우리가 서로를 위해 하는 일은 근본적으로 변화될 것이다. 이런 자세는 우리가 말할 때, 서로의 인정보다 하나님의 진리에 더 관심을 두고, 더 과감하게 말하게 해줄 것이다. 이런 자세는, 하나님이 우리를 용서하셨듯이 서로 용서하라고 명령하셨음을 깨닫고, 우리를 더 친절하고 더 온유하게 만들 것이다. 이런 자세는 우리를 더 즐겁고, 심술은 더 적고, 더 관대하게 만들 것이다. 이런 자세는 우리를 더 활기 넘치게 만들 것이다.

여기서 전도서 저자와 잠언 저자는 서로 일치한다. "여호와를 경외하는 것이 지혜의 근본이요 거룩하신 자를 아는 것이 명철이니라"(잠 9:10). 여호와를 경외하는 것은 창조주를 기억하는 것이고, 그 반대도 그러하며, 이것이 지혜로운 삶으로 향하는 길이다. 경외하는 것과 기억하는 것은 마땅히 하나님께 드려야 할 모든 경배와 사랑, 순종으로 그분을 대하는 것이다. 찰스 브리지스Charles Bridges에 의하면, 여호와를 경외하는 것이란 "하나님의 자녀가 아버지의 법에 겸

손하고 신중하게 자기를 낮추는 다정한 공경"이다.⁴ 따라서 여호와를 경외하고 창조주를 기억할 때 우리는 지혜로워진다. 이런 자세는 무릎을 꿇고 사는 법을 우리에게 가르치기 때문이다. 이런 자세는 피조물인 우리를 낮추고, 무엇이 최선인지 아시는 창조주 하나님을 높인다.

준비

이미 여러 차례 보았듯이, 단순한 지혜는 마지막을 준비하는 것이다.

> 하나님은 모든 행위와 모든 은밀한 일을 선악 간에 심판하시리라(14절).

전도서의 가장 까다로운 면 가운데 하나는, 이승에서 어떤 일에 대한 즉각적인 대답이 전혀 없음을 우리에게 가르친다는 것이다.

> 내가 다시 해 아래에서 행하는 모든 학대를 살펴보았도다. 보라. 학대 받는 자들의 눈물이로다. 그들에게 위로자가 없도다!(4:1)

이에 대해 당신은 무슨 말을 하겠는가? 인생에서 바로 이런 상황을 경험한 사람들에게 당신은 무슨 말을 해주겠는가? 결국 한 가지 대답만 존재한다. 하나님이 바로잡으실 것이다. 그리고 우리는 그분을 만날 준비를 해야 한다.

핵심 정리

얼마 전 나는 교회에서 예배를 인도하는 꿈을 꾸었다. 예배를 인도하려고 일어섰지만, 어떤 일이 벌어지고 있는지 전혀 감을 못 잡는 꿈이었다. 어떤 찬송인지, 무엇을 두고 기도해야 하는지, 혹은 무엇에 대해 설교해야 하는지 기억나지 않았다. 첫 찬송이 끝난 후 몇 사람이 무턱대고 일어나 주위를 배회하며 서로 이야기를 나누었다. 추측건대, 이것은 아주 평범한 꿈이다—시험이나 인터뷰 같은 중요한 일에 대비하지 못한 두려움에서 오는 꿈. 퍽 혼란스러울 수 있다. 그런데 바로 그때 잠에서 깨어나 모든 일이 무사하다는 걸 깨닫는다. 당신은 마감 시간을 놓치지 않았다. 아직 준비할 시간이 있다.

전도서의 말에 의하면, 어떤 사람들이 세상에서 가장 중요한 사건에 대비하지 못했음을 깨달을 그날이 다가오고 있다. 그런데 이건 꿈이 아니다. 그들의 삶은 현실을 회피하고 자기들에게 다가오고 있는 일을 무시하는 데 오랜 세월 단련되었다. 죽음과 심판이 다가오고 있다. 전도자의 말은 어깨 위에 얹은 손이 되어, 졸고 있는 우리를 거칠게 흔들어 잠에서 깨우고, 우당탕 소리와 함께 우리를 다시 현실로 데려와야 한다.

하지만 신자들에게 죽음과 심판은 두려워할 대상이 아니다. 죽음과 심판은 이 세상의 공포가 새로운 세상의 영광에게 자리를 양보하는 순간이다.

더 이상 악이 선이라고 불리거나 선이 악이라고 불리지 않을 것이다.
더 이상 어둠이 빛으로 바뀌거나 빛이 어둠으로 바뀌지 않을 것이다.
더 이상 쓴 것이 단 것이 되거나 단 것이 쓴 것이 되지 않을 것이다(사

5:20). 선과 악의 갈등이 종결될 것이다. 동기와 의도, 선의 본질에 대한 모든 논의도 마찬가지다. 오류가 드러날 것이다. 주님에게서 돌아섰던 진짜 오류가.[5]

놀랍게도, 전도서는 해 아래에서 얻을 "유익"이 전혀 없다고 말하는 반면, 사도 바울은 한 가지 유익한 것이 있다고 말한다. 바로 죽음이다. "이는 내게 사는 것이 그리스도니 죽는 것도 유익함이라"(빌 1:21). 바울은 그리스도 안에서 삶과 죽음 둘 다 두루 유익함을 알았다. 우리는 살아 있는 동안 그리스도를 위해 수고할 수 있고, 죽을 때 그리스도와 함께 살 수 있다.

당신의 죽음과 이어지는 심판, 즉 인생의 중대한 기준점이야말로 미래로부터 현재로 거슬러 와서, 하나님이 당신에게 주신 삶을 바꾸어 놓을 수 있는 바로 그것이다.

토론과 개인 묵상을 위한 질문

1. 이제 전도서가 어떤 책이라고 생각하는가? 이 책 마지막에 이르러 당신의 평가는 달라졌는가?

2. 기쁨, 아픔, 관점, 준비 가운데 전도서를 읽는 동안 당신에게 가장 깊은 인상을 남긴 것은 무엇인가?

3. 당신은 놀라움을 기대하며 성경에 다가가는가?

4. 최근, 성경 말씀이 구미에 맞지 않았음에도 성경 말씀에 순

종했던 때는 언제인가?

5. 당신이 다른 사람에 대해 갖는 모든 책임이 무엇보다 먼저 하나님께 대한 것임을 깨달을 때, 삶에 어떤 차이가 생기겠는가?

6. 당신은 심판을 준비하고 있는가? 전도서 내용에 비추어, 삶에 어떤 변화를 시도하겠는가?

주

서문

1. Christopher Hitchens, *Hitch-22: A Memoir* (London: Atlantic Books, 2010), 7.

1장 흉내 놀이

1. 고대 전승은 솔로몬 왕이 전도서 저자라고 주장했다. 오늘날 이 주장은 폭넓게 의심받는다. 물론 내가 보기엔 그런 의심의 근거 중 상당수는 설득력이 떨어진다. 흥미롭게도, 지금 우리가 가진 책에는 전도서 저자가 익명으로 나온다. 그저 이것이 "전도자"(the Preacher)의 말이라고만 밝힌다. 따라서 나는 전도서 곳곳에 나오는 이 책 자체의 표현에 맞추어, 저자를 그냥 '전도자'라고 칭하겠다.

2. Anthony C. Thiselton, "Wisdom in the Jewish and Christian Scriptures: The Hebrew Bible and Judaism," *Theology* 114.3 (May/June 2011): 163-172 (p. 165).

3. Peter J. Leithart, *Solomon among the Postmoderns* (Grand Rapids, MI: Brazos Press, 2008), 69.

4. Iain Provan, *Ecclesiastes/Song of Songs*, NIV Application Commentary (Grand Rapids, MI: Zondervan, 2001), 56.

5. Graham Ogden, *Qoheleth* (Sheffield, UK: JSOT Press, 1987), 32.

6. William Powers, *Hamlet's BlackBerry: A Practical Philosophy for Building a Good Life in the Digital Age* (New York: HarperCollins, 2010), 79. (『속도에서 깊이로』21세기북스)

7. 이 기록용 태블릿은 "특수 방수 처리된 종이나 천으로 만들어진 빈 페이지를 지닌 포켓 크

기의 연감 혹은 달력"이었다. 태블릿은 수백 년 이상 존재해 온 밀랍 서판(wax tablets)의 기술적 진보였다. 같은 책, 145-146.

8. Leithart, *Solomon among the Postmoderns*, 100.

9. Douglas Wilson, *Joy at the End of the Tether: The Inscrutable Wisdom of Ecclesiastes* (Moscow, ID: Canon Press, 1999), 20.

10. C. S. Lewis, *The Screwtape Letters* (London: Fount, 1982), 107. (『스크루테이프의 편지』홍성사)

11. 같은 책.

12. 같은 책.

13. 같은 책.

2장 거품 터뜨리기

1. Iain Provan, *Ecclesiastes/Song of Songs*, NIV Application Commentary (Grand Rapids, MI: Zondervan, 2001), 56.

2. Douglas Wilson, *Joy at the End of the Tether: The Inscrutable Wisdom of Ecclesiastes* (Moscow, ID: Canon Press, 1999), 36.

3. Blaise Pascal, *Pascal's Pensées*, trans. W. F. Trotter (Boston: E. P. Dutton, 1958), 113. (『팡세』민음사)

4. Provan, *Ecclesiastes/Song of Songs*, 83-84.

5. 같은 책, 79.

6. Peter Kreeft, *Christianity for Modern Pagans: Pascal's Pensées, Edited, Outlined and Explained* (San Francisco: Ignatius Press, 1993), 172.

7. 같은 책, 172.

8. 같은 책, 107.

9. Blaise Pascal, *Pensées*, ed. Alban Krailsheimer (New York: Penguin, 1966), 235. (『팡세』민음사)

10. Kreeft, *Christianity for Modern Pagans*, 169.

11. Jeffrey Meyers, *Ecclesiastes through New Eyes: A Table in the Mist* (Monroe, LA: Athanasius Press, 2007), 63.

12. Provan, *Ecclesiastes/Song of Songs*, 74, 79.

3장 이런 때, 저런 순간

1. Iain Provan, *Ecclesiastes/Song of Songs*, NIV Application Commentary (Grand Rapids, MI: Zondervan, 2001), 87.

2. 같은 책.

3. 잭 에스원은 자신만의 사려 깊은 방법으로 이런 생각을 발전시킨다. 그의 책 *Recovering Eden: The Gospel according to Ecclesiastes* (Phillipsburg, NJ: P&R, 2014), 130-135를 보라.

4. Craig G. Bartholomew, *Ecclesiastes*, Baker Commentary on the Old Testament (Grand

Rapids, MI: Baker Academic, 2009), 180-181.

5. 같은 책, 179.

6. Eswine, *Recovering Eden*, 123.

7. 같은 책, 130.

4장 낮아지는 삶

1. 나는 이 내용을 Melvin Tinker, "Evil, Evangelism and Ecclesiastes," *Themelios* 28.2(Spring 2003): 14-25에서 가져왔다.

2. 코믹릴리프(Comic Relief)는 "가난으로부터 해방된 공정한 세계"를 증진시키는 영국의 자선 단체다. http://www.comicrelief.com/ 2017년 12월 5일에 접속.

3. Rebecca Konyndyk DeYoung, *Glittering Vices: A New Look at the Seven Deadly Sins and Their Remedies*(Grand Rapids, MI: Brazos Press, 2009), 42.

4. Michael Horton, *Ordinary: Sustainable Faith in a Radical, Restless World*(Grand Rapids, MI: Zondervan, 2014), 115. (『오디너리』 지평서원)

5. Eugene Peterson, *The Pastor: A Memoir*(New York: HarperCollins, 2011), 130-142. (『유진 피터슨』 IVP)

6. Jeremiah Burroughs, *The Rare Jewel of Christian Contentment*, 요약판(Pensacola, FL: Chapel Library, 2010), 12. (『만족, 그리스도인의 귀한 보물』 생명의말씀사)

7. Douglas Wilson, *Joy at the End of the Tether: The Inscrutable Wisdom of Ecclesiastes*(Moscow, ID: Canon Press, 1999), 61.

8. Matt Chandler, "Ecclesiastes-Part 6: Communal Lessons," 2006년 8월 26일, The Village Church에서 전한 설교, http://media.thevillagechurch.net/sermons/transcripts/20060827090 0HVWC21ASAAA_MattChandler_EcclesiastesPt6-CommunalLessons.pdf

5장 올려다보고, 경청하기

1. Iain Provan, *Ecclesiastes/Song of Songs*, NIV Application Commentary(Grand Rapids, MI: Zondervan, 2001), 117.

2. 같은 책.

6장 삶의 한계를 사랑하는 법

1. Gerald Sittser, *A Grace Disguised: How the Soul Grows through Loss*(London: Hodder & Stoughton, 1996). (『하나님 앞에서 울다』 좋은씨앗)

2. Gerald Sittser, *A Grace Disguised: How the Soul Grows through Loss*, preface to the 2nd ed.(Grand Rapids, MI: Zondervan, 2004), 15. (개정판 『하나님 앞에서 울다』 좋은씨앗)

3. Sittser, *A Grace Disguised*(1996 ed.), 10. (『하나님 앞에서 울다』 좋은씨앗)

4. Nicholas Wolterstorff, *Lament for a Son*(Grand Rapids, MI: Eerdmans, 1987). (『나는 사랑하는 사람을 잃었습니다』 좋은씨앗)

5. C. S. Lewis, "The Weight of Glory," in *The Weight of Glory and Other Addresses* (New York: Touchstone, 1975), 29. (『영광의 무게』 홍성사)

7장 죽음에서 깊이로

1. Sidney Greidanus, *Preaching Christ from Ecclesiastes: Foundations for Expository Sermons* (Grand Rapids, MI: Eerdmans, 2010), 233. (『전도서의 그리스도 어떻게 설교할 것 인가』 포이에마)

2. 이런 삶에 대한 즐겁고 감동적인 책 한 권 분량의 묘사는, N. D. Wilson, *Death by Living* (Nashville: Thomas Nelson, 2013)을 보라.

3. C. S. Lewis, *The Four Loves* (London: Collins, 1963), 13. (『네 가지 사랑』 홍성사)

4. D. E. Ford, *Self and Salvation: Being Transformed* (Cambridge, UK: Cambridge University Press, 1999), 268; Craig G. Bartholomew, *Ecclesiastes*, Baker Commentary on the Old Testament (Grand Rapids, MI: Baker Academic, 2009), 98에서 인용.

5. C. S. Lewis, *The Last Battle* (New York: HarperCollins, 2010), 161. (『마지막 전투』 시공주 니어)

8장 무지할 때 알아야 할 것들

1. 나는 디저트와 관련된 표현을 Douglas Wilson, *Joy at the End of the Tether: The Inscrutable Wisdom of Ecclesiastes* (Moscow, ID: Canon Press, 1999), 111에서 가져왔다.

9장 한 발은 무덤에

1. Catherine Mayer, "Amortality: Why Acting Your Age Is a Thing of the Past," *Time* (April 25, 2011), 38.

2. Derek Kidner, *The Message of Ecclesiastes: A Time to Mourn and a Time to Dance*, The Bible Speaks Today (London: Inter-Varsity Press, 1976), 98. (『전도서 강해』 아가페출판사)

3. William Hazlitt, "On the Feeling of Immortality in Youth," *Monthly* (March 1827). http://www.readbookonline.net/readOnLine/47762/ 2015년 8월 10일에 접속.

4. C. L. Seow, *Ecclesiastes* (New York: Doubleday, 1997), 371.

5. Douglas Jones, "Revitalizing Reformed Culture," in *To You and Your Children: Examining the Biblical Doctrine of Covenant Succession*, ed. Benjamin K. Wikner (Moscow, ID: Canon Press, 2005), 207-224.

6. 같은 책, 213.

7. 같은 책.

8. C. S. Lewis, *The Screwtape Letters* (London: Fount, 1982), 95-96. (『스크루테이프의 편지』 홍성사)

9. Derek Kidner, *Psalms 73-150*, Tyndale Old Testament Commentaries (London: Inter-Varsity Press, 1975), 262.

10. Timothy Dudley-Smith, *John Stott: A Global Ministry* (London: Inter-Varsity Press, 2001), 454.

11. Jacques Ellul, *The Reason for Being: A Meditation on Ecclesiastes* (Grand Rapids, MI: Eerdmans, 1990), 280-281. (『존재의 이유』 규장)

12. Jeffrey Meyers, *Ecclesiastes through New Eyes: A Table in the Mist* (Monroe, LA: Athanasius Press, 2007), 208.

13. Iain Provan, *Ecclesiastes/Song of Songs*, NIV Application Commentary (Grand Rapids, MI: Zondervan, 2001), 213-214.

14. Kidner, *Message of Ecclesiastes*, 101-102. (『전도서 강해』 아가페출판사)

15. Christopher Hitchens, "Unspoken Truths," *Vanity Fair* (June 2011). http://www.vanityfair. com/news/2011/06/christopher-hitchens-unspoken-truths-201106 2015년 8월 10일에 접속.

16. Kidner, *Message of Ecclesiastes*, 102. (『전도서 강해』 아가페출판사)

17. Hazlitt, "On the Feeling of Immortality in Youth."

18. James Russell Miller, chap. 31 in *Week-Day Religion* (Philadelphia: Presbyterian Board of Publication, c.1880), 300-307.

10장 핵심 정리

1. Lewis B. Smedes, "Controlling the Unpredictable -The Power of Promising," *Christianity Today* (January 21, 1983). http://www.christianitytoday.com/ct/2002/decemberweb-only/12-16-56.0.html 2015년 8월 10일에 접속.

2. Marilynne Robinson, *The Death of Adam: Essays on Modern Thought* (Surrey, UK: Picador, 2005), 230-231.

3. 같은 책, 231.

4. Charles Bridges, *An Exposition of Proverbs* (Evansville, IN: Sovereign Grace Book Club, 1959), 3-4. (『잠언 강해』 크리스챤서적)

5. G. C. Berkouwer, *The Return of Christ* (Grand Rapids, MI: Eerdmans, 1972), 160; Craig G. Bartholomew, *Ecclesiastes*, Baker Commentary on the Old Testament (Grand Rapids, MI: Baker Academic, 2009), 294에서 인용.

찾아보기(주제)

ㄱ

갈망 106
  정의를 향한 갈망 83
  향수를 느낄 때의 갈망 149
갈망/열망/욕구/욕망
  갈망의 중단 203
  돈에 대한 욕망 108
  마음의 욕망 203
  색다른 것에 대한 욕구 38
  성공하려는 욕망 189-190
  시기심에 의해 이끌림 119
  앞서가려는 욕망 95
  열망의 방향 117
  욕구와 나이 듦 215
  주목받고 싶은 욕망 102
  행복하려는 욕망 53-55
  향수를 느낄 때의 갈망 150
  흑자에 대한 욕망 28
감사 207-208

감정
  감정의 경계선 76
  감정의 끝 160
  감정의 혼란 231
  말이 낳은 감정 226
  상실의 감정 145
  짜증의 감정 208
  향수를 느낄 때의 감정 149
게으름 103
결혼 231
경청, 하나님께 대한 경청 117-125
계절
  계절의 변화 85
  나이 듦의 계절 198-199
  만사의 때 74
  세상의 계절 37
  인생의 계절 73-78, 85
  하나님이 주신 계절 76
고통의 근원 94
공동체

공동체 안의 삶 109
　기독교 공동체 206
관계 110, 205
　관계를 즐김 171
　관계와 말 226-227
　관계의 단계 76
　관계의 발전 110
　선물로서의 관계 168
　신뢰 관계 81
　얽히고설킨 관계 77
　참된 관계 205
　하나님과의 관계 65, 118
관대함 102, 108, 185-186
　관대함의 지혜 186
관점 178-180
그리스도인
　거주민 대 유목민 49
　부유한 그리스도인 187
기분 전환 59
기쁨
　기쁨의 순종 205
　기쁨의 정도 220
　기쁨이 주는 기쁨 204-205
　보상의 기쁨 191-192
　삶의 목적인 기쁨 207
　선물의 기쁨 64, 205
　성경 안의 기쁨 229-232
　우정의 기쁨 192
　작은 일의 기쁨 208-209
　젊음의 기쁨 203
기회
　기회의 날 160
　삶의 기회 201-203

ㄴ-ㅂ

나눔 97
나이 듦 198-200, 212-221
도피주의 136-138, 142, 148

돈 146
　돈과 만족 36-37
　돈과 지혜 151
　돈에 대한 사랑 108-109
　돈을 거머쥐기 126
　돈을 나눠주기 126
　돈을 벌기 95
　돈을 쓰기 49-50
만족 85
　고난 뒤의 만족 144-145
　만족의 발견 94, 106
말씀 226-229
　아프게 하는 말씀 232
맹세 125-127
먹고 마심 61-62, 166, 171-173
명성 139
몸 213-215
　몸의 보존 198-200
　몸의 파괴 213-215
미래
　미래의 잔치 171
　미래의 확실성 12
　예측할 수 없는 미래 180-181, 185
　잘못된 미래관 105
　현재를 빚는 미래 209
미움 97, 103
믿음
　믿음의 길 129
　진정한 믿음 117
바보/어리석은 자/우매한 자
　어리석은 자의 게으름 103
　예배 중 위선자인 우매한 자 121
　우매한 자와 돈 146
　우매한 자와 소유 185
　우매한 자의 관점 141
　우매한 자의 말 123-124, 141
　우매한 자의 분노 147
　우매한 자의 오만 124
　우매한 자의 제물 120
　포기하는 바보 109

받아들임 85-86
버킷리스트 193, 234
보상 192-193
복음 49
본분/의무
  의무의 문화 205
  하나님께 대한 본분 237-238
본향(home)
  본향으로서의 하늘 150
  본향을 위해 만들어짐 150
  본향 의식 150
부/재산 106-108
부정/부인
  나이 듦의 부정 198-199
  부정과 도피주의 142
  자기 부인 219
  죽음의 부정 142
  하나님 부정 207
부지런함 55
분노 147
분주함 103-104

ㅅ

사랑/애착
  그리스도를 향한 사랑 15
  돈에 대한 사랑 107
  부모의 사랑 204-205
  사랑과 죽음 144-145
  사랑의 끝 160
  사랑하라는 명령 102, 122
  사랑할 때 75, 108
  삶에 대한 사랑 168-169
  성공에 대한 애착 189
  이웃 사랑 97
  자기 사랑 97
  주는 사랑 166
  탄식할 때의 사랑 145
  하나님 사랑 117, 169

한계 속의 사랑 137
삶/인생
  건설 작업과 같은 삶 72
  그리스도 안의 삶 241
  뒤죽박죽 삶 12
  반복되는 삶 29-33
  불가사의한 인생 24-29
  삶에 대한 관점 11, 237-239
  삶을 바꾸어 놓음 241
  삶의 가치 108
  삶의 마지막 140
  삶의 불확실성 180
  삶의 즐거움 158, 167-169
  삶의 지혜 238-239
  삶의 패턴 84, 180, 201
  선물로서의 삶 51, 96
  유용한 삶 219
  인생의 기준점 241
  인생의 때 81
  인생의 목적 190
  인생의 보상 192-193
  인생의 의미 166
  인생의 의외성 190
  잘 살아온 인생 165
  짧은 인생 26
상상력 21
상실 144-145
색다름 39-40
생활 방식의 선택 76
선물
  선물 숭배 170
  선물의 사용 62
  선물의 수용 207
성경 237
  믿을 만한 성경 129, 230
  성경의 기쁨 234
  성경의 아름다움 230
  성경의 아픔 234
  즐거운 성경 234
  하나님의 선물인 성경 118

성공 189-192
성전 121-122
성취 56
성품과 명성 139
성품의 깊이 142
세계/세상
　복잡한 세상 120
　선한 세계(세상) 99, 171, 202, 210
　세상 속에서의 성장 81
　세상 속 지혜 80
　세상에 동화됨 49
　세상에서의 고통 83
　세상에서의 삶 86
　세상에 영향을 미침 27
　세상을 사랑함 169
　세상의 계절 37
　세상의 리듬 38-39
　세상의 수수께끼 124
　세상의 악 99
　세상의 질서 78
　세상의 패턴 29, 74
　세상의 현실 98-99
　타락한 세상 63, 101, 110, 119, 161
　통제할 수 없는 세상 25, 37, 95, 119, 125
　흉내 놀이 세계 대 진짜 세계 21
세계관 62, 78, 119, 168, 199-200
소셜 미디어 60
수고 50
시
　전도서의 시 74-79
시간/시기 84-85
　시간과 안내 146-147
　시간과 하나님 81-84, 143, 158
　시간 사용 85-86
　시간 속 삶 80
　시간에 대한 관점 178-179
　시간에 대한 생각 73, 179
　시간 여행 81-82
　시기와 기회 163
시기심 101-102

신뢰
　하나님께 대한 신뢰 81, 117, 151, 170
신이 된 섹스 169
실패 183, 189-192
심판 203-204, 241

ㅇ

악 107-108
안전 82, 170
어리석음
　말의 어리석음 85
　아는 척하는 어리석음 183
　알지 못하는 어리석음 202
　어리석은 사람 103
연약함
　연약함의 수용 73
염려 211-212
예배
　예배와 즐김 169-170
　예배 중의 위선 121-122
　온전한 예배 116-117, 126
　하나님 예배(경배) 170
예수 그리스도
　예수 그리스도 안의 삶 241
　예수 그리스도와 잔치 171
　예수 그리스도의 유산 104
　예수 그리스도의 죽음 99
　왕이신 예수 그리스도 233
　전도자이신 예수 그리스도 171
　행복의 근원이신 예수 그리스도 221
오락 59-61
외로움 55, 107
우상숭배
　우상숭배와 염려 210
　우상숭배의 분쇄 158
우상이 된 지혜 151
우정
　변덕스러운 우정 38

선물인 우정 192-193
온화한 우정 219
위로 79-84
위선, 예배 중의 212
위험 185
유혹 50
은혜 144
음식과 음료 168
  선물인 음식과 음료(물) 205
의존
  공동체에 대한 의존 109
  성공에 대한 의존 189
  하나님께 대한 의존 65, 81
이기심 102
인간
  관계적인 존재로서의 인간 76
  하나님과 관계 맺기 위해 만들어진 인간 65
인내 232-237
일
  선물로서의 일 192
  일과 정체성 189

ㅈ-ㅊ

자기기만 137
자기 사랑 97
자기 희생적인 섬김 219
자신에 대한 의구심 129
자의식 93-94
잔치 171
잘 죽음 161-162
재난 180-181
저주
  바울에게 미친 영향 99
  언약의 저주 205
  저주 아래의 삶 77
  저주 아래의 세계 161
  저주의 결과 215
  죽음의 저주 161

창조 세계에 내린 저주 63, 77
전도서
  하나님의 선물인 전도서 21
전도자
  전도자의 관점 22, 31, 79, 160, 179
  전도자의 목적 36-38, 65, 95
  전도자의 세계관 168
  전도자의 신념 192
  전도자의 지혜 229
  진행자(host)인 전도자 120
젊음/청년 201-203
죄 168, 207
죄의 기만 220
죽음
  교사로서의 죽음 139-140, 143-145
  그리스도 안의 죽음 241
  죽음에 의해 빚어진 삶 200
  죽음을 받아들임 36, 62
  죽음을 보는 관점 11
  죽음의 교훈 10-12, 73
  죽음의 당혹감 160-161
  죽음의 부정 142, 240
  죽음의 준비 33-34, 79, 163, 165
  죽음의 초대 138-146
  죽음의 현실 35, 51, 56-61
  죽음의 확실성 159, 165
준비, 죽음을 위한 준비 239-240
즐거움
  보상인 즐거움 65
  일의 즐거움 192
  즐거움을 누림 205
  즐거움의 재조정 209
  즐거움의 추구 201
지혜 136-137, 142
  경청하는 지혜 125
  그리스도를 닮은 지혜 187
  준비하는 지혜 239
  지혜와 관점 188
  지혜의 길 125, 165
  지혜의 위험 151

지혜의 한계 146-151
후함의 지혜 184-187
지혜문학 27-28, 136, 179
진정성 128
짜증 200, 208
창조
창조 교리 209
창조 세계 37, 74, 83, 99, 113, 130, 169, 215

ㅌ - ㅎ

탄식 99
탐욕 146
테크놀로지 31-32
통제
통제를 벗어남 119, 136
통제의 추구 25, 192
통제의 포기 183
통제의 환상 137
통제하려는 열망 51
통제하지 못함 25, 37, 73, 77, 84, 95, 106,
125, 136, 179
평온함 95
피상성 142
하나님
삶을 통제하시는 하나님 84, 151, 192
선하신 하나님 202, 204, 207
심판관이신 하나님 84, 203
온전하신 하나님 116-117
주시는 하나님 65, 166
주인이신 하나님 170
지식의 하나님 65
참목자이신 하나님 232
창조주 하나님 210-212
하나님 경외 238
하나님과 시간 81-82
하나님께 말하기 125-128
하나님의 계시 228
하나님의 명령 203
하나님의 선물 51-52, 84-86, 170, 204
하나님의 일 181, 220
하나님의 정의 83-84
희생적인 하나님 206
하나님의 말씀/ "성경" 항목을 보라
하늘 150
하늘에 대한 향수 150
해, 시간의 표시자 34
"해 아래" 34-35
행복 52-53, 65
명령으로서의 행복 203
행복에 이르는 길 54
행복의 근원 94-95, 218-219
향수 147-151
하늘에 대한 향수 170
허무주의 61, 78
헛됨 22-23
현실 회피 240
현실주의 201, 209

찾아보기(성구)

창세기		시편		1:5-8	29
1장	212	19:7-10	236	1:8	50
1:14	34	23편	232	1:9	31
		39:5-6	23	1:10	32
신명기		39:11	23	1:11	33
5장	129	103:15-16	26	1:12-2:26	45-48
5:27	129	144:3-4	23	1:13	53
6:4	117			1:14-2:23	64
6:6	118	잠언		1:15	56
6:4-9	116	9:10	238	1:16-18	54
6:8-9	118	31:30	24	1:17	54
27-30장	205			1:18	54
28:47	205	전도서		2장	55
		1장	73, 75	2:1	54
욥기		1:1-11	19-21, 35, 36	2:3	54
28:20-23	137	1:2	27	2:4	55
38:12	182	1:3	27, 28	2:4-9	63
38-41장	232	1:4-8	27	2:11	57
38:19-20	182	1:4-10	29	2:14	57
38:35	182	1:4-11	27	2:16	57

2:18-19	58	7:1-6	138	12:6	212, 215, 231
2:22	59	7:1-25	133-135	12:8-14	201
2:24	61	7:2	141	12:9	229
2:24-26	64	7:4	141	12:9-12	229
2:26	65	7:5	142	12:9-14	225-226
3장	73-78, 150	7:6	142	12:10	230
3:1	74	7:7	146	12:11	232
3:1-8	74, 78	7:7-25	146	12:13	237
3:1-22	69-71	7:8	147	12:14	239
3:2	74	7:9	147		
3:2-8	74	7:10	147	이사야	
3:9	77-78	7:13	151	5:20	240-241
3:9-22	75, 78-79	7:21	151	25장	171
3:11	80	7:23	146	25:6	171
3:14	74, 80	9:1	157, 180	25:8	171
3:15	81	9:1-6	159	40장	232
3:16	83	9:1-12	155-157	65장	232
4장	95-97, 118, 122	9:4	160		
4:1	97, 239	9:5-6	160	마태복음	
4:1-6	97	9:7	158, 166	5:34-37	127
4:1-16	91-92	9:7-10	158, 165	6:19-21	50
4:2	233	9:8	167	6:24	122
4:4	101	9:11	163	6:25-34	212
4:5	103	9:11-12	158, 163		
4:6	103	9:12	164	마가복음	
4:7-8	106	11장	179, 192	7:31-37	99
4:7-16	97	11:1-2	180	7:34	99
4:9-12	108	11:1-6	177-178	7:37	100
5장	117, 119, 122	11:3-4	190	8:12	99
5:1	120	11:5	181	8:34-35	187
5:1-3	120	11:6	183, 189	12:29-31	97
5:1-7	115-116	11:7	202		
5:2	123	11:7-12:8	197-198	누가복음	
5:3	124	11:8	202, 233	7:36-50	232
5:4	125	11:9	203	11:31	187
5:4-6	126	11:10	204	12:16-21	186
5:4-7	125	12:1	209	14:15-24	171
5:6	125	12:2	212	16:9	219
7장	137	12:3-8	201		
7:1	138, 233	12:5	214		

찾아보기(성구)

요한복음
1:1   228
12:24   187
12:25   187

로마서
8:22   99

고린도전서
1:24   99

고린도후서
9:6   192

빌립보서
1:21   241

히브리서
11:9-10   49

야고보서
4:13-15   165

요한계시록
19:6-10   171
21:1-4   172